JN123435

子どもの文化
ライブラリー
よりよく生きる

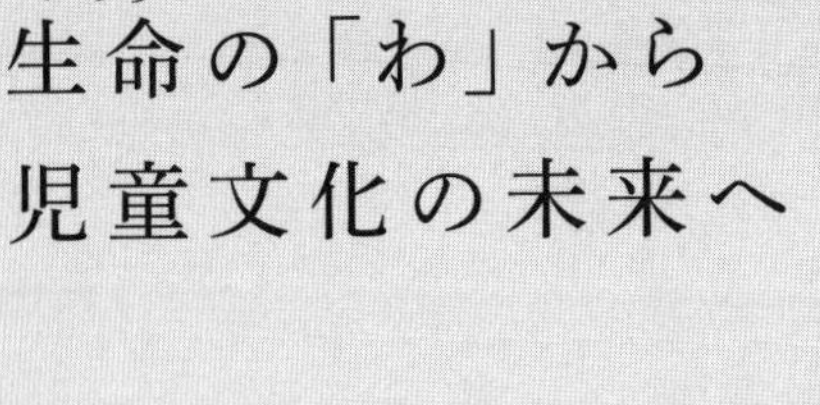

生命（いのち）の「わ」から
児童文化の未来へ

村瀬 学

港の人

叢書「子どもの文化ライブラリー　よりよく生きる」刊行に当たって

一般財団法人　文民教育協会　子どもの文化研究所所長　片岡 輝

人は、今立っている場所から一歩先へ、今ある状態からよりよい状態を希求して、時には枝道にそれて途方に暮れ、時には分かれ道を選び間違えて、悔い、迷い、絶望の谷間から這い上がっては正しい道を探し求めて歩み続けてきた。よりよく生きようとして悟りを開いた人もある。地獄の辛酸を舐め尽くした人もある。平凡な人生を送った人の一生にも、よりよく生きようとする人の根源的な欲求がふつふつと沸き返っていたに違いない。けれども、歴史を顧みると、よりよく生きようとする個の願望が満たされた幸せな時代は稀で、体制順応を求める同調圧力の前にあっては、よりよく生きたいという意思を持つこと自体がタブー視され、「自己責任論」や「身の丈発言」など、いまなお、その後遺症が深い傷跡を残している。

子どもの文化研究所創立五〇周年にあたって、この叢書を、そうした過去の頸木を断ち切り、私たち自身がよりよく生き、子どもたちに「よりよく生きる」力を手渡すために、今なすべきことが何であるかを、読者と対話することを願って刊行する。

子どもと文化や子どもの成長発達について広く関心を持ちながら研究したり、子どもと関わったりしている方々からの原稿を広く募集します。編集顧問の片岡輝と、編集委員の鵜野祐介、加藤理の査読の後、採択の可否を決定しますが、関心のある方は子どもの文化研究所までお問い合わせください。

生命（いのち）の「わ」から　児童文化の未来へ

目次

第Ⅰ部　生命（いのち）の「わ」児童文化　最終講義

第Ⅰ部　生命（いのち）の「わ」児童文化　最終講義

一　「地球の環」と「生命のわ」

1　最も大事な考え方について――「根は花を、花は根を」

物事を考える時に、最も大事にしないといけない考え方があります。それは、むずかしいものではなくて、小学校三年からはじまる「植物を調べよう」という「理科」の分野にあります。たとえば、小学五年の「花のつくり」では、植物が、「種（たね）」から「根」と「葉」を出し、その後「花」が咲き「実」がなる、ことを教わります。教科書には美しいカラー写真で、インゲンマメからよっこらしょと「根」が出て、その「根」が「種」を持ち上げ、その持ち上げられた「種」の背中の方から、船の帆のように「葉」が出てくる様子が、とてもわかりやすく、順番に並べて載せてあります（『わくわく理科5』啓林館、二〇一七年）。

そこでの「最も大事な考え方」とは、「根は葉を知り、葉は根を知っている」ということについてです。「葉」を広く「花」まで含むものとすれば、「根に花があり、花に根がある」という考え方のことです。短く言えば「根に花あり、花に根あり」ということになるでしょうか。

ところでもし「根に花あり、花に根あり」としたら、それは根が花を感じ、花が根を感じているということになります。つまり、「根―花―根―花……」と、ぐるぐるまわる「わ」のような仕組みがそこにあると考えることになります。つまり、「根と花」は、ゴムの輪のように、ぐるっと回ってつながっている、と。

もちろん、根と花はつながっていることは誰でも知っています。でも、ここで考えたいことは、ただ「根」と「花」は、「茎」で線としてつながっているというイメージではありません。「根」と「花」は、「わ」のように「ぐるり」とつながっている、ということを考えたいのです。「わ」のようにというのは、比喩や例えではありません。「根」で受けとめたことは瞬時に「花」に伝わり、「花」が受けとめたことは瞬時に「根」に伝わる、ということについてです。それを「わ」のようにと言っているのです。「瞬時に」ということが大事なポイントです。

この「根に花あり、花に根あり」が「種(たね)」からはじまっているとしたら、そもそも「種」の中に「わ」があるということになります。というか、私たちが「種」と呼んできているものは、実は「わ」のかたまりなんだということになります。そもそも「種」から「根」が出てきて、そのあとから「葉」が出てくるということは、ただの偶然とは考えられません。「種」はちゃんと考えて先に「根」を出し、そしてその後で「葉」を出し、そして「根と葉」が、一緒になって「花」が咲くように、導いているのです。

この場合の「根」と「花」は、「先」と「後」になっています。「先」は「後」のことを、「後」は「先」のことを考えているのです。そしてこのことがいかに大事なことであるかは、このあとで、お話しする予定です。

ところで、私たちは人間をモデルにして物事を考えるように教えられてきたものですから、「物事を考える」には「脳」が必要だと思っています。そこでもし「根」が「花」を考え、「花」が「根」を考えているのだとしたら、いったい草木はどこでそんなことを考えているのかと不思議になると思います。もちろん、ふつうに言えば、草木は人間や動物のような「臓器としての脳」は持っておりません。それでも、「根」は「花」のあり方を知り、「花」は「根」のあり方を「意識」しているのです。「脳」もないのに、どのようにして知っているのか。その答えが、実は「わ」の理解にあるのです。草木が「わ」として存在しているところに。この「わ」として存在することが、実は「脳」として存在することと同じことをしていたからです。

2 サツマイモと垂乳根（たらちね）

小学校の時の思い出に、「芋掘り」があった人もいるかと思います。田舎の学校では、校庭の隅に野菜作りの一画があって、サツマイモを植え、みんなで観察記録をつけて、廊下に張り出したりした人もいるのではないでしょうか。

ところで、このサツマイモの栽培は不思議な仕方で行われていました。「種」を植えるのではなく、サツマイモの茎の先の部分を切ったものを、直接に地面に挿して植えるのです。すると、茎から分岐して、葉の出ているその根元から下に向けて「根」が出て、そこに芋ができるのです。不思議な話です。「種」から「根」が出るのではなく、「茎」から「根」が出るというのですから。（ちなみにいうと、サツマイモは根ですが、ジャガイモは茎（地下茎）の変化したもの、と教わります。）

しかしこのことも、サツマイモの「一部分」が、「わ（全体）」をもっていると考えると不思議でもなくなります。「根」を切られた「茎」は、「茎」のどこからか「わ（全体）の中の根」を刺激して、そこから「根」が出て「元の状態」が復元できるようになっている、と考えられるからです。もちろん、すべての植物が、茎の先だけを土に埋めれば「根」が出てくるというわけではないのですが、「挿し木」のように、切った枝を直接大地に挿せば、根の出る木もあるわけですから（サツキやバナナはそうやって栽培されています）、大なり小なり植物の「部分」には、「わ（全体）」への回復力が備わっているのだろうと思われます。

以前に、ＮＨＫ「美の壺」という番組の「巨樹（きょじゅ）」の放送を見たことがありました。そこでは樹齢一〇〇〇年になるような巨大な木がいくつも紹介されていました。その中でも驚いた一本の巨樹があります。それは香川県の瀬戸内海に浮かぶ志々島という小さな島に生える樹齢一二〇〇年と推定される「志々島の大クス」と呼ばれるクスノキです。クスノキと言えば、あのトトロの物語に出てくるクスノキを思い浮かべる人もいるでしょう。このクスノキが有名になってきたのは、人間の背丈ほどの高さで横に張り出している巨大な枝が、その重みに耐えかねて根元の方で折れてしまったからです。でも折れてはいるのですが、十分の一ほどの、ほとんど皮のような部分だけを残してつながっています。そして、折れた先の方の巨大な枝はドシリと地面に付いていました。本来なら、それでその枝は枯れてしまうところでしょうが、枯れないでさらに先の方ではみごとな枝葉を茂らせていたのです。そこで調査員が来て調べてみたら。その折れて土に付いていた部分から根が出ていて、大元の幹に頼らずに、その根から水分や養分を得て枝葉を茂らせていることがわかってきたというのです。クスノキの驚くべき、生き延びるための生命力です。まるで、サツマイモの茎の先から根が出てくるような話が、強大なクスノキにも見られるというのですから。

でも、もしこのクスノキの巨大な枝が、もっと高いところに張っていて、それが折れていたら根は出ていなかったかもしれないのでは、とつい思ってしまいます。そんな疑問に答えるかのように、この番組では、別の巨樹として青森県の「北金ヶ沢のイチョウ」を紹介していました。巨大な樹齢一〇〇〇年のイチョウの木です。このイチョウの木が有名になってきたのは、幹に近づけばわかりました。その張り巡らせた枝のあちこちから、「乳」のようなものが垂れ下がっているのが見えたからです。ある「乳」はすっかり地面にまでついて突き刺さっていました。これは垂乳根（たらちね）と呼ばれる枝から生える「根」のことで、空中から垂れ下がる根というので「気根」とも呼ばれてきました。

ただこの「気根」がまるで「乳」のように見えるので「垂乳根（たらちね）」と呼ばれ、子どもを授かりたい人や、母乳の必要な人たちのための御神木のように崇められ、信仰の対象にされてきた巨樹でした。映像で見れば、本当に畏敬の念に打たれます。

こういう木を見ると、別に枝が折れて地面に付いていなくても、空中の枝から根の出てくることがあり得ることがわかります。こうした「志々島の大クス」も「北金ヶ沢のイチョウ」も、Google で検索してもらえば画像はたくさん見られます。

ここから、植物には身体のあらゆる「部分」に「わ（全体）」が潜んでいることがわかっていただけるのではないでしょうか。問題は、なぜこのような「垂乳根」のような話を、児童文化の根幹の話をする時に持ち出してきているのかということです。

3　絵本『ペツェッティーノ――じぶんをみつけたぶぶんひんのはなし』の意味

たぶん今までの話を聞いて、レオ＝レオニの『ペツェッティーノ――じぶんをみつけたぶぶんひんのはなし』を思い出された方がおられると思います。この絵本は、特別な印象を与える絵本でした。ちょっと舌を嚙みそうなこの絵本の原題「Pezzettino」は、イタリア語で「小片」という意味で、愛称をこめて「かけらちゃん」と呼ばれるような意味でした。

この物語は、「かけらちゃん」があまりにも小さいものだから、自分は何ものかの部分品なんだろうとずっと思っているんです。そしてある時に、では自分は誰の部分品なんだろうと思い悩み、その部分品を失った者を探そうと旅に出ます。そして旅の途中で出会った者たちに、自分はあなたの部分品でしょうかと聞いて回るのですが、誰に聞いても、「きみは私の部分品ではない」「部分品がなくて、どうしてこうやっていられるんだ」と言われてしまいます。「かけらちゃん」は、自分が誰の部分品なのかとうとうわからなくなって、こなごな島へたどり着きます。その島の山を登っている途中に転んでしまい、落ちてゆく間にこなごなになってしまいます。それでようやく自分も「部分品」でできていることに気が付き、こなごなになった自分を拾い集めて、みんなのいるところに戻っていったというお話でした。

この絵本の大事なところは、自分があまりにも小さくて、何かの部分品のようにしか見えないので、どこかに自分を一部分とするような「大きな全体」があるのではと思ってしまっているところです。でもそういう「大きな全体」を探していたら、実は自分もさらに小さな部分品でできている「大きな全体」であることに気が付いた、というお話になっていました。「機械」には「部分品」というものはあり得ますが、「生きもの」にとっては、どんなに小さなものでも、それ自体が「全体」の質を持っているということなんですね。「かけらちゃん」は「かけら」のように見えていながら、実際には「全体」だったというお話です。

4　ノーベル賞受賞になった山中伸弥氏発見の「ｉｐｓ細胞」のこと

これに似たような話が、二〇一二年、ノーベル賞生理学・医学賞を受賞した山中伸弥氏の「ＰＳ細胞」発見の報道で、改めて多くの人が知ることになりました。

この発見は、大人になった人の成熟細胞にある種の手を加えると、成熟する前の、これからさまざまな臓器に分化して行く前の細胞に「初期化」できることを発見したというものです。この「初期化」された細胞を「ｉｐｓ細胞（人工多能性幹細胞）」と名づけ、その発見がノーベル賞受賞につながったのですが、このことは、私たちの身体の「部分品」のような小さな細胞のすべてが、実は、「身体全体」をつくるための仕組みを持っているということの発見だったのです。

これが『ペツェッティーノ』の話と重なって見えてきていたのは私だけではなかったと思います。機械には部分品と全体という区別はあり得ても、生きものには、そういう区別はなく、「部分品」の中に「全体」が、「全体」の中に「部分品」が、「わ」のようにつながって存在しているという話を、山中氏のノーベル賞以前にすでに物語として語っていたからです。

児童文化の最終講義をするのに、そんな「「わ」の存在」について、なぜ話をするのかと思われるかもしれませんが、そこが最も大事なところなのです。児童文化は、最も「わ」について考えてきた分野なのですから。

5 「地球の環」と「生命のわ」――「たんぱく質」と呼ばれる「わ」へ

ところで、生きものがなぜ「わ」として存在しているのかということについては、ひとつはっきりしている理由があります。それは地球というものが、さまざまな「環」として動いているところがあり、この「地球の環」を利用するようにして「生命のわ」が生まれてきているところがあったからです。その「地球の環」の基本的な特徴を習うのは中学の理科を通してです。詳しいお復習(さら)いはいたしませんが、八つくらいに分けて抽出しておきます。表記としては物理的な周期現象を「環」という漢字で、生命体の創る周期現象を「わ」というひらがなで分けて表しています。

① 地球が太陽の周りを回る「公転周期の環」として存在していること。
② 地球が自ら回る「自転周期の環」として存在していること。
③ 公転と自転が「大気と海流と気象の環」を生んでいること。
④ 地球の「重力」が、「落ちる方向」と「持ち上げの方向」の「環」をつくっているということ。
⑤ 地球の中心にある鉄が「磁場と磁気の環」をつくりだしていること。
⑥ 地球も宇宙も、「原子の環」に支えられていること。

⑦　「環（周期性）」の伝導は「波」として伝えられ【聞こえ（音波）、見え（光波）、体感（風波）など】、その「波」が身体の内部で「環＝波」として体感されていること。

⑧　「環」が「波」として、「波」が「環」として動く様は、「線」を形づくります。その「線」は太古から曲がりくねって動く「蛇」のような姿で意識されてきたものです（理科では、たとえば尻尾で泳ぐ精子のようなものとして習います）が、児童文化でもそれを「ヘビ」とか「ひも」とイメージしてきました。

高校の「地学」「生物」では、こういう「地球の環」は、さらに詳しく学ぶことになりますが、そういう学びを児童文化の学びと無縁なものと考えてしまってはいけません。

ここでは、こうした「地球の環」がもたらすものを、「周期」「渦巻」「波」「線」に代表させます（化学では「結合」「分解」「結晶」なども付け加えられます）が、そういう現象について考えるだけでも、実は興味は尽きないところがあります。でもここでは「地学」の面白さに時間を取られるわけにはいきませんので、「生命のわ」の方へ話を進めます。

というのも、多くの生きものは、この「地球の環」から生じる「周期」「渦巻」「波」「線」を生かしながら、生命体固有の、「結び―解き―あや」という姿を生成させてきたところがあるからです。「地球の環」は、それ自体では「物理」とか「地学」と呼ばれてきて、「生命」とは関係なしに説明されています。確かに「地球の環」は、簡単には「生命のわ」にはなりません。それでも、同じような「わ」という言葉を使うのは、「地球の環」と「生命のわ」には、深い関わりがあるからです。

二つの「環／わ」が関係し合っているとはどういうことか。たとえば、太陽の周りを地球が回っているのですが、その周期的な周りには「切れ目」がありません。「切れ目」がないというのは、どこからかはじまって、どこかで終わるような「切れ目」がないという意味です。初めも終わりもなく、ぐるぐるといつまでも回っているのです。地球そのものの自転にも、周期性はあっても切れ目がありません。大気の流れや磁気の流れにも切れ目がありません。「地球の環」のもつ周期性は、それが周期性としてある限りは連続しているのです。

ところが「生命のわ」は違います。この「地球の環」があって「生命のわ」もできるのですが、この「生命のわ」には「切れ目」があるのです。例えのイメージですが、「地球の環」を仮に「輪ゴム」のようなものだとしたら、「生命のわ」は、その「輪ゴム」のどこかが切れているのです。でも切れた輪ゴムなんて「輪ゴム」とはいえませんから、そこに「わ」を認めることはできません。しかし「生命のわ」は切れ目があるのに、「わ」になっているのです。

このことをどう考えたらいいのかということですが、考え方として最もすぐれているのは、切れている端が「結ばれている」と「考える」ことです。切れている輪ゴムの端と端が、「何者かの手」によって「結ばれている」と考えるのです。

ここでは「手」のイメージを、うんと豊かに持たなくてはなりません。とにかく、「生命のわ」には「切れ目」があって、そこには「手」があって「切れ目」を結んでいると考えるのです。

6 「たんぱく質」の考え方——「千手観音」の原型

たぶん、この「生命のわ」の初源のかたちを、多くの科学者は「たんぱく質」と呼ぶものに見てきたと思います。この「たんぱく質」というのは、分子構造として最もたくさんの「手」を持っていて、まるで「千手観音」のように存在してきたものだからです。そしてこの「千手観音」(あるいは「万手観音」といってもいいのでしょうが)、その「たくさんの手」でもって、形の変わった結び方を持つ「生命のわ」を作ってきていたのです。

「たんぱく質」とは「手」をもつ「わ」だという理解は、科学的にというか、生物学の分野では許されない理解かもしれません。「たんぱく質」を擬人化して理解しようとしすぎているというふうに。

しかし「人間の手」のようなものしか「手」としてイメージできない科学者は、「貧しい科学者」です。「千手観音」をイメージできた古代の人の方が、はるかに豊かな「手」のイメージを持っていたと思いますから。

あらゆる生きものが「手」でもって、結びあい、つながってきていることを認めない人は、それこそとても貧しい「手」のイメージしか持ち得ていないのです。

7 「わ」を「結ぶ」――「ひも」と「結び」、「解き」と「手」

これだけのことを指摘しておいて、「生命のわ」にしか見られない特徴を先に指摘しておきます。それは、「生命のわ」は、「わ」を「結ぶ」ように成立しているということです。「わ」が「結び」としてあるということは、「わ」の「解き」もあるということです。「生命のわ」とは、「わ」の「結び」と「解き」が、想像もできないほどの「やりとり」で成立しているところにあります。

このことは、簡単なことからイメージできます。たとえば、その辺に転がっている石をハンマーで叩いて割ってみるとしましょう。もし石が二つに割られたとしたら、その石は、元のようにくっつくことはありません。ほっておけば、いつまでも二つに分かれたままです。でも、ジャガイモを二つに割っておくと、元のようにはくっつきませんが、割れた方のどちらからも根や芽が出て、新しいジャガイモを作り出します。「生命のわ」は、自分で「わ」を結んで増やしてゆくことができます。石ころとジャガイモの決定的な違いです。

小学生の頃、女の子たちが輪ゴムをつなぎ、手首に巻いて遊んでいた時期があったと思います。アクセサリーか、お守りか……。「生命」というのは実は、「輪ゴム」を結んでゆくような仕組みとしてでき上がっているものだったのです。もし、女の子が「輪ゴム」を結んでいって、長い「輪」ができていたのに、不用意に手を離すと、それまでつないでひもになっていたものがするすると解けていって、バラバラの輪ゴムになっていました。

「生命」も全体として、「わ」のつなぎとしてあるものですが、いずれは、その「わ」も解けて、ばらばらになってゆきます。そのバラバラにならない間を「生きている」と言ってきました。

こういう説明をすると気になることが出てきます。「生命」が「わ」の「結び」としての巨大なかたまりであるイメージはわかるとして、では最初の「わ」は誰が結んだのかという問題です。地球に「環」があることは地学で学ぶとして、その「環」は、「化合」や「結合」することはあっても、生命のように「結ぶ」というあり方はできないということでした。ということは「結ぶ」というあり方が何なのかということです。

「結ぶ」とは、切られた「わ」があり、その「端」をつなぐ「手」を持つということです。「手」を持った「わ」、あるいは、「手」になった「わ」が、そこにあるということです。

すでに理科の授業で、「地球の環」は、条件によってさまざまに化合しあい、結合することを習っています。新しい化合物も生まれます。しかし、条件がなければ、化合できない「環」は、どこまでも化合しませんし、結合しない「環」は、どこまでいっても結合はしないものです。

ところが「生命のわ」は「手」を持ったがために、結びつきそうにもない「わ」ができていても、結びつけることができるようになったのです。不用になった、「わ」を外すこともできてゆきます。

この「わ」がつくり出す「手」とは何かです。

たとえば、ひらがなの「わ」と「て」という文字を見てください。「わ」も「て」もよく似た丸いかたちをしています。でも、「丸」ではなく、「切れた丸」の形をしています。生命の姿は、こういう「わ」でありつつ「て」でもあるようなかたちをしているのです。この「切れたわ」は、危機でもあるので「結ぶ」活動にすぐに動きます。それが「て」という活動です。ということは、先ほどの「手」とは何かという問いかけは、ひらがなの「わ」と「て」を重ねるようなイメージの中でしか、捉えられないようになっているのです。

実際にも、みなさんの身体から突き出た腕を、両方から近づけて丸くすると、身体を「わ」にした状態になることがわかります。その「わ」の「交わる」ところを「手」と呼んでいるのですから、「わ」と「て」は、切り離して考えることはできないものになっていることもわかるかと思います。

問題は、なぜこのような「わ」や「て」を取り上げるのかということです。それは、「生命のわ」が「手」としてあることによって、それまでに存在したことのないような「わ」の姿形をつくり上げることができるようになってきたことを考えるためです。それが生命の「変身（メタモルフォーゼ）」「変形」と呼ばれてきたものでした。

二　「変身」する物語へ

1　「いばら姫」から何を考えるといいか

ディズニーのアニメ『眠れる森の美女』（一九五九年）はよく知られた映画です。およそのストーリーは誰もが知っていることにしておきます。この映画の原作がフランスのペロー童話「眠れる森の美女」から作られているのに、なぜか内容はグリム童話の「いばら姫」の方に似ています。たぶん、こちらの方が映画にしやすかったからだと思います。というのも、ペロー童話では、眠れる姫を助けた王子が、二年以上森の中で姫と暮らし、子どもが二人できているのに、自分の国の母親にそのことを秘密にしている話が延々と続いていたからです。なぜ王子が母親に秘密にしていたのかというと、その母親は人食いの種族で、姫や二人の子どものことが知れると三人は食べられてしまうのではないかと恐れていたからです。

いくらなんでも、子ども向けのアニメをつくるのにそういう話は不向きでした。でもグリム童話の「いばら姫」の方は、そういう話は切り捨てて、眠り姫が王子に助けられて、目が覚め結婚するところで終わっています。ですので、物語の中身のことよりか、ここでは、両方の物語に出てくる「いばら」のことについて考えておきたいと思います。ふだん私たちは、そういうものについて、あまり考えたことがないからです。

まず「いばら」にはどうして「トゲ」があるのかということを考えます。一般的な説明では、バラは、鳥や虫や動物にむしゃむしゃと葉っぱや枝を食べられてしまわないために、その防御として枝にトゲを付けるようになってきたとされています。しかしそういう「説明」を聞くと、目も耳も脳ももたないバラが、「敵」がやってきて自分たちをむしゃむしゃ食べることを、どこで、どのように「知っているのか」気になります。バラの木のどこで、そういう「敵」からの「対策」として「トゲ」をつくるような指令を出しているのか、また、指令を出すにしてもなぜあのような先の尖った鋭いトゲの形をつくるようにしてきたのかとか……疑問が一杯出てきます。そこをどう考えるといいのかということです。

もちろん、そんなことを考えることと、物語「眠れる森の美女」「いばら姫」の面白さを考えることとどう関係するのだろうと思われるかもしれませんが、見えないところで関係しているのです。

じつは「いばら」に限らず、ほとんどの植物は、全身で外界の動きを感じて生きています。とくに四季の移りを感知することは、花や実をつくり、子孫を残すためには最も重要なことですから、全身で感じ取って、それに対応できるように身体をつくっています。ですから、動物に食べられて子孫を残すことができなくなるようでは困るので、捕食者への対抗策として、葉っぱや幹に「トゲ」を付けている植物は、いばら以外にもいっぱいいます。トゲを付けていない植物はどうしているのかというと、葉っぱや幹に「毒素」を貯めて、食べられないように仕向けています。この植物のつくり出すさまざまな「毒素」が、人間にとっては「薬」になってきて「漢方薬」がつくられてきました（「薬が毒になり、毒が薬になる」ということわざもあります）。

ここで大事なことは、植物たちが、自分の葉っぱなどを食べられる時に、そこを「感知」して、そこに「トゲ」や「毒素」をつくってきているというところです。もう少し言えば、「危機」を感じる身体の部分を、よく「感じること」で、その部分を「防衛」できるように「変形」させてきたというところです。植物も「感じる」ことで危機に対応する「身体」をつくってきたのです。こういうふうに考えると、この物語のタイトルは、内容だけを考えると「いばら姫」の方がふさわしいように思われます。

ここで一つまとめをしておきます。植物が「トゲ」や「毒」をつくるのは、植物が「危機」を感じ、その部分に「感受」を「集中」させることによって、そこに形態的、化学的な変化を起こさせてきた結果でした。でもトゲや毒素は一方的に何者かを寄せ付けないものではありません。トゲはある植物ではフック（かぎ爪）のようになっていて、相手に引っかけ、からまるようになっていたり、毒素もある捕食者には「毒」になっていても、別の生きものには「薬」や「栄養物」になっていたりするものです（オーストラリアのコアラは、他の動物では食べられない毒を持つユーカリの葉を主食にしたりしているのですから）。

ですので、物語の中のいばら姫にとっての「いばら」は、一方的に「悪いもの」なのではなく、「痛み」をもたらすものでありつつも、「困難」を乗り越えてでもやってくる「王子＝たくましい異性」を導くものでもあり、そういう「王子」との交わりで子孫を残す橋渡しの役割を果たすものにもなっていました。「いばら姫」という童話ひとつとっても、「児童文化」としてそれを学ぶことは、たくさんなことを学ぶことになっていたことを感じてもらえたらと思います。

2　「一寸法師」「桃太郎」の「鬼」の造形

ところで、昔話には、「鬼」が出てきて、「鬼」と言えば「角」があって「牙」があり、顔を赤くしているイメージを思い浮かべます。なぜ「鬼」はそういう「造形」で描かれてきたのか、次に考えてみます。というのも、先の「いばら姫」の時に、植物が「トゲ」や「毒」をつくるのは、その植物が「危機」を感知して、そこに「集中」して身体の変化を起こすことでつくられるものだといってきたからです。そのことを考えると「鬼」という存在も、何かの「危機」に直面して、頭に「トゲ」のようなものを突き出すことで、「危機」から我が身を防衛してきたものなのか、とまずは考えてみることができるからです。

「鬼」なんて架空の存在なのだから、そんなことを考えてはいけないのではないかという人がいるかもしれません。しかし「鬼」の「角」や「牙」がどうしてそこにあるのかについて考えることはとても大事なことなのです。

というのも、鬼だけではなく牛にも角があるし、サイにも一本の大きな角があり、虎にも鋭い牙があるからです。こういう角や牙がなぜ生まれてきたのか、考えてみなくてはなりません。実際の鬼の角は、牛の角がモデルになったという研究者もいますし、「牛鬼（うしおに）」「牛頭鬼（ごずおに）」という伝承も残ってきていますが、モデル探しからでは、「トゲ」「角」「牙」のできてきた意味はわかりません。

バラのトゲのように、動物も身体からトゲを出して、防御したり、攻撃に使ったりするようになってきたと考えることは、間違っていないと思います。問題は、どうして角や牙のような角状突起物を出させることになったのかということです。それには「体感」の一部に「念」という「集中性」を注ぐことで、化学変化を起こさせてきた過程を考えなくてはなりません。

ボクシングや空手の選手のこぶしにタコと呼ばれる固い部分ができたり、文筆家に「ペンだこ」と呼ばれる皮膚の硬さが作られたりするのも同じ原理です。「念」を込めた集中性が、身体の一部を硬くし、さらにそれを伸ばすような突起物を作ってきたからです。（そういう意味では、「性器」も似ているところがあります。）

動物も植物も、「念」を込めて身体を作っているということは、人間から見たらちょっと信じがたいところがありますが、自分自身を例にとって考えていただければ、わかってくるところがあろうかと思います。角や牙というから、自分には関係ないと思われるかもしれませんが、たとえば「爪」や「歯」というものを考えてみると、わかってくるところがあります。

「爪」というものは、若い女性にとっては、マニキュアやネイルアートするものとして思い浮かべるのでしょうが、なぜそういう「爪」のようなものがあるのか、考えてみるととても不思議です。それは、私たちが、物をつかんだりする時に、そういう硬いものが指先にないととても困るからです。でもふだんから「爪」がどうしてできたのか、「考える」ことはないのです。

ただ調べてみるとすぐにわかります。「爪」は、「髪の毛」や「歯」や「鱗」と同じで、皮膚の一部が変化し、硬化してできたもので、もともとはケラチンと呼ばれるたんぱく質からできていると説明されています。生きものは、身体の大部分を作るたんぱく質の、その皮膚にあたる部分を、防御や攻撃のために「硬化」させて、「爪」や「歯」、「毛」や「鱗」を作ってきたのです。皮膚を硬くするなんてどうやってと思われるかもしれませんが、私たちは誰でもドッチボールが飛んできた時などは、反射的に身体を硬くしてボールを受けとめているものです。危機や必要性のある場合には、身体のそういう部分は硬くなり、身を守ったり、身を助けたりするように作られてきたのです。

「爪」がそうであれば、当然「歯」もそういうものとして作られてきました。先ほどは「鬼」の特徴に「牙」があるといいました。虎やライオンには、「歯」の一部が特に大きく鋭くなった

「切り歯」「牙」でできています。走る獲物に飛びかかり、逃がさないように「爪」を立て、「歯」を「牙」に作り変えていったわけです。そういうことができるためには、身体の必要な方向に「念」を込め、その部分の「たんぱく質」などを変化させてきたと考えるしかないんですね。

3　『ワンピース』の面白さはどこにあるのか

生きものの身体はさらに不思議なかたちをつくります。『ワンピース』という漫画、これほど長きにわたり、日本中と言わず、世界中で注目されてきた漫画、アニメはかつてなかったし、これからもないのではないでしょうか。この作品の最も優れた設定は、主人公が「ゴムゴムの実」を食べて「ゴム人間」になったというところです。たぶん、みなさんは「ゴム」というものについてふだんは余り考えたことがないだろうと思います。台所のゴム手袋や靴底、ズボンやパンツのゴム、水道のパッキン、ホース、長靴、消しゴムや輪ゴム、ゴム製のボール、おもちゃ、自転車や自動車のタイヤなどなど、目に付くところだけでもたくさん使われています。さらには、機械類の中や建物の構造物の中には、それこそ無数のゴムが使われています。そして、このゴムの発見と活用によって、人類の活動は一気に文明的になったとすら言われています。飛行機ひとつとっても、多くの人は空を飛ぶ翼を持ったものと考えがちですが、車輪にゴムが付いていないと離陸も着陸もできないのです。

この偉大なゴムの発見は、人類の生活をすっかり変えてしまったのですが、その恩恵をこうむっているゴムの全体の姿については、ほとんど意識することはありません。そんな中で実は『ワンピース』という物語は、この偉大なゴムの特性を抜きにしては成り立ち得ない物語として登場してきていたのです。その大事なところを少しお話ししておきたいと思います。

私たちのよく知っている「ゴム」は、コロンブスが一四九〇年代の航海で、カリブ海の住民がゴムボールで遊んでいるのを見て、持ち帰ったことから実用化がはじまったとされています。その後「ゴム」の汁を取る「ゴムの木」が注目され、栽培もされ、ヨーロッパに持ち込まれました。注目されたのは、なぜ「ゴム」が、他の物体と違って、そんなに自由に伸び縮みができるのかということでした。

長年の研究があって、ゴムの成分の解明は進んでいます。それはゴムの成分を作る分子が、長く鎖状につながる「鎖状高分子」という「ひも」になっていているところの発見です。大事なところは、この長いひもになっている「鎖状高分子」が、真っ直ぐなひもではなく、曲がりくねったコイル（「ランダムコイル」と呼ばれています）のような鎖状になっていて、さらにその鎖状のひもが、さらに複雑に絡まるゼリー状の物質を形成しているところです。だから、ふつうの繊維は、引っ張っても長くは伸びませんが、ゴムはコイル状にからまっている分、引っ張ればずいぶんと伸びる性質を持っているのです。その自由自在に伸び縮みし変形する特性を生かして、弾力剤や衝撃吸収剤、防水具、絶縁体など、さまざまな分野で使われてきました。またその自在な変形力を使って、輪ゴムのように、別々なものを束ねたり、離れているものをくっつけたりするところにも使われてきました。このゴムにもたんぱく質は関わっていたのです。

こうした「ゴム」のもつ特性をマンガ『ワンピース』の作者・尾田栄一郎が、いつどこでどうやって勉強することになったのか、知りたいところですが、この『ワンピース』の主人公ルフィは、ほとんどこのゴムの特性だけを「個性」にして生きる人物として造形されていたのです。彼の持つ武器は、刀や鉄砲のたぐいのものではありません。ビョーンと伸びる腕力ひとつです。それが、時には鋼鉄のように硬くなり、何百メートルも離れた敵に炸裂するのです。作者は、このゴムの特性をトコトン調べ上げて、ルフィの造形に生かしていると私は思います。

ところで、「ゴム」の「説明」はそうであるとしても、この「ワンピース」のもつ魅力は、この物語のもう一つの巨大なテーマ、仲間との連携や信頼というテーマも、この「ゴム的な関係」として設定されているところです。そうすると隠された「ワンピース（ひとつなぎの大秘宝）」とは、「鎖状高分子」のように柔らかい収縮自在な人間関係をつくり出す「ゴムのような世界」のことではないのかとすら思えてくるところがあるのです。

こうした「ゴムの特性」への注目は、「いばら姫」の「トゲの特性」についての注目と重なるところがあります。一見すると、空想の産物のように見えている物語に、どこか「現実の裏付け」のストーリーが透けて見えてくるからです。

4 『鬼滅の刃』——吸血鬼の物語とは何か

二〇一六年から『少年ジャンプ』で連載され、アニメ化もされ、『ワンピース』につぐ大人気漫画だった『鬼滅の刃』。こういう物語の面白い部分の解読は、熱心な若い読者に任せておくのがいいのだろうと思います。なので、ここではみなさんがご存じの『鬼滅の刃』というよりか、「鬼」の存在について、それも「血」を吸う鬼、つまり「吸血」というような気持ちの悪いテーマについて、少し触れておきたいと思います。

「吸血」の有名な物語は『ドラキュラ』でした。「ドラキュラ」はブラム・ストーカーによって創作された架空の吸血鬼の物語なのですが、こういう西洋の吸血鬼の話は、どこかしら、キリスト教の文化が背景にあるように思えます。キリスト教の洗礼式では、赤ワインとパンを授かるのですが、それはキリストの血と肉の象徴であって、それを自分の中に取り込むという意図がありました。洗礼式は、いわば象徴的な「吸血」「人食い」の儀式だったとみなし得るかもしれません。

それにしても『ドラキュラ』から『鬼滅の刃』まで、「吸血」と「人食い」「鬼」のテーマは延々とつくられつづけてきたのですが、なぜそのような気持ちの悪い物語がつくられてきたのかを考えることは、でも「児童文化」の大事なテーマでもあります。

「血を吸う」というイメージだけを考えると気持ちが悪いのですが、そこから一歩進んで、「血を持つ存在とは何か」「血とは何か」を考えるきっかけになる物語になっているところは、見ておかなくてはと思います。

大事なことは、「血」あるいは「血液」とは何かということです。中学の理科の教科書では、すでに「血液の働き」「血液の成分」として大事なことは習いますし、高校の「生物基礎」になると、さらに踏み込んで「血液」のことを習い、理科の実験室で、アフリカツメガエルの後ろ足に針を刺し、血液を採取し、顕微鏡で観察する方法までを写真入りで紹介しています。(実際に、みなさんが、そんな実験をしてこられたのか知りませんが……。)

教科書で習うことは次のようなことです。一口に「血液」といっても、そこには「赤血球」「白血球」「血小板」「血しょう(液体)」「ミクロファージ」などがあって、「赤血球」は酸素を運び、「白血球」は異物を食べて生体を防衛する免疫機構を担っていて、「血小板」は血管の傷口を塞ぐ役割をしているなどと習います。

そんなふうに、教科書で習うことは習ってきたのですが、実感として心に残ってきたかどうかはわかりません。というのも、血液が酸素を運ぶといっても、本当に実感として「わかる」部分が少ないからです。そもそも「血」がなぜ赤いのかというと、血管を流れるアンパンのへこんだような赤血球が赤い色をしているからで、その赤色は、鉄分を含んだヘモグロビンというたんぱく質がその中にあるからなんですね。でもなぜ赤血球に「鉄分」が含まれているかというと、鉄分が最も酸素と結合しやすいからでした。

しかしそういう「説明」を授業で教わっても、そうなんだと覚えるしかないわけで、なぜ生命体の多くが、「鉄分」を酸素の吸収に使おうとしたのか、その辺の大事なところはイメージとして全くわからないものです。ちなみに、タコやイカ、カニ類を切っても赤い血が出ないので、彼らには「血」が無いんだと思っている人がいますが、それは違うんですね。彼らも酸素を取り込んで呼吸をしているわけですが、酸素をくっつけるのに「鉄分」を利用しないで、「銅」を使っているのです。そのために「血の色」が「無色」だったり「青い血」に見えたりするだけなのです。

もちろんここで「血液」のお勉強をしようというわけではありません。生きものの最も大事な「呼吸」という部分が「血」を通してなされているということをわかっていただくための話をしているのです。そしてその大事な「血」を意識させられる物語が、「吸血鬼」や「人食い鬼」の話だったというわけです。

しかし不思議なのは「血液」だけではなく「血管」もそれに劣らず不思議極まるものとしてあります。身体が抱える三七兆個の細胞のすみずみまで、「血管」が伸びて酸素を送り届けているからです。たぶん、個々の細胞が発するなんらかの「呼びかけ」をめがけて、そこまで酸素を運ばなくてはと、植物の「根」のように「血管」は伸び続けているのです。そういう意味では「血管」も自ら考えて仕事をしています。

こうやって中高の理科の教科書を手がかりに振り返ってみただけでも、「血」というものが、最も大事な活動をしていることがわかります。それは酸素や栄養分を「仲間」の細胞のすみずみまで届けるだけではなく、「敵」が体内に侵入したら認知し、そいつらを捕食し、傷を受けたら出血止めを施す、といった活動もしているからです。それは、まるで「吸血鬼」をやっつける物語さながらに見えるから不思議です。

三　生命の「わ」を模したいくつかの遊びへ

1　「あやとり」の不思議について

児童文化というと、児童文学や昔話、アニメ、絵本などの理解を深める分野の他に、「子どもの遊び」と呼ばれている分野があります。たとえば、古くは柳田國男『子ども風土記』から、近年では加古里子の「伝承遊び考　全4巻」（小峰書店、二〇〇六年）として『1絵かき遊び考』『2石けり遊び考』『3鬼遊び考』『4じゃんけん遊び考』などが記録され、今ではゲーム遊びまで含めて、幅広い子どもの遊びの考察や研究が積み重ねられてきています。ここでは、そんな遊びの中に、ほとんど目立たない、いくつかの遊びについて、でもそれが、実は「生命」のもつ基本的な仕組みを模しているもののように思われる遊びについて考察しておきたいと思います。

たとえば「あやとり」と呼ばれる遊びがあります。今の子どもたちは「あやとり」をするのでしょうか。私が小学校の頃は、女の子たちのする複雑怪奇な「あやとり」に混ぜてもらってよくやったものです。でも、ある子がつくった「あや」を、他の子が「別のあや」として上手にすくい取るのは、なかなかまねができませんでした。こういう「あやとり」は、一般には少女時代の幼い遊びのように思われているかもしれません。でも実は「あやとり」は昔から世界中で行われてきたもので、それも「大人のするもの」としてありました。その「大人のするもの」が廃れて、今では「子どもたちが、子ども時代にだけするもの」と思われてきています。

日本語で「あやとり」と呼んできた呼び方はとても素敵です。アメリカでは「Cat's Cradle（キャッツ　クレイドル＝ねこのゆりかご）」などと呼ばれて来たそうですが、「string figure（ストリングフィギア＝ひもの形）」とも呼ばれ「国際あやとり協会（International String Figure Association）」も設立されています。でも日本語の「あやとり」の方が、本質的なことを言い当てているように私は感じています。関西では「いととり」とも言いました。

「あや」というのは、漢字では「文・綾」と書き、「模様」のことを言います。だから「あやとり」とは、「ひも」でもって「模様」を「取る＝創る＝結ぶ」遊びのことになります。そしてこの「あや」として作られる模様は、世界中でもさまざまあり、たとえば太陽、月、星、空、山、海、川、波、植物、動物、その他の生きもの、家、道具、日常品、地図、幾何学模様などなど……三〇〇〇種類ほどあると言われています。（野口廣『あやとり学』今人舎、二〇一六年、『世界あやとり紀行』ＩＮＡＸ出版、二〇〇六年、監修野口廣『あやとり大全集』主婦の友社、二〇一三年など参照）。

この「あやとり」の最も大事なところは、「指」や「手」を使って、さまざまな「あや（模様)」をつくり出すところです。なのに、元々は「一つのひも」にすぎない不思議さ。それも「わになった、一つのひも」にすぎないという不思議さ。つまり「あやとり」の大事なところは、「ひも」が「わ」になっていて、それが「あや」になるというところです。そもそも「ひも」が「わ」になっていなければ、「あや」はできないのです。

こういう「説明」をすると、はじめにお話ししたことを思いだしてもらえると思います。生命は「わ」であり「ひも」であり「手」であり……という話のことです。そうなのです。「あやとり」というのは、じつは「生命の営み」そのものを真似しているところがあるのです。だからそれは「子どもの遊び」でも「幼女時代の遊び」でもなく、はじめは「大人」たちが、「生命の神秘」を「手」で体感する神聖な儀式のようなものとしてつくり出していたものなのです。

この「あやとり」のすごいところは、苦労してつくった「あや」も、一瞬にしてもとの「一つのわ」にしてしまえるというところです。世界の「姿」を、まるで「天地創造」のようにつくりながら、一瞬にしてそれを消し去ってしまいます。でもまた次の日に「再生」させることができます。

「あやとり」には、「伝承されるあや」と、「創作されるあや」があり、それを混ぜながら、大人も子どもも、「天地創造」と「天地解体」のやりとりの面白さを体感してきていたのではないかと思われます。

2 「粘土遊び」について

また子どもたちの好きな遊びに「土遊び」があります。地味で汚い遊びなので、今ではそういう遊びをさせないという親も出てきているらしいです。なので、こうした「泥」を使っての遊びは、保育士を目指す人たち以外には、あまり注目されるわけではありませんし、現場の保育士さんでも、こういう「泥遊び」の意義を、心から納得するように理解している人は少ないように思われます。単に「子どものおもしろがる遊び」としか捉えていないところが。

だからこそ大事なことは、「泥」とは何かと問うことなのです。砂場の砂は、ふだんはサラサラしているのですが、水を加えると、粘り気をもった「泥」になります。「泥」とは何かの答えは、あっけなく答えられてしまいそうです。その「泥」になった砂を高く盛って山にしたり、そこにトンネルを掘ったりして遊びます。こういう山やトンネルは、水の含まないサラサラの砂ではできません。「砂」と「泥」の違い。そんなことはあまりにもわかりやすすぎて、そこに大事なことが含まれているとはとうてい思えないものです。

砂が水分を含んでいるものを、ふつうは「土」と呼んでいます。というか、水分のない土を「砂」と呼んできたのではないでしょうか。そしてしっかりと水を含んだ土を「泥」と呼び、簡単には水分の抜け出さない土を「粘土」と呼んできたと思います。

ここに「砂」―「土」―「泥」―「粘土」の区別があるのですが、この区別をうまく「説明」できる人はそんなにおられないのです。とくに「粘土」という「土」の発見は、人間にとって大きな変化をもたらしてきたものです。土器や陶器の材料が「粘土」だったからです。

そのように重要な役割を果たしてきた「粘土」というのが、いったい何なのかは、私たちはふだんめったに考えることはありません。粘土とは、ただ水を含んだ土というものではなかったのです。砂場の土に水を掛けても、「泥」にはなっても「粘土」にはなりませんからね。

「粘土」とは、特に細かな粒子になった土に水が混ざってできたものです。この細かな粒子状の土に水が混ざると、粘り気のある土になります。この粘り気のある土は、練ってゆくとさまざまな形に変形してゆきます。こういう変形は、砂や土や泥ではできないところです。

子どもたちは、この特別に作られ、ケースに入れられた「粘土」を使って、へびを作ったり、コップを作ったり、車を作ったり、さまざまなものを作ります。「あやとり」のひもで、さまざまなものをつくりだすように。この「粘土」の特性を知っていて、きっと『旧約聖書』の作り手は「神は土でもって人を作った」と書いたのだと思われます。

古代の人は、ある時この「粘土」を発見し、これを練って、土器や壺を作り、水や食料を保存することを覚えました。さらには粘土板に楔形文字も記録してきました。この「粘土」からできる「土器」や「文字板」がなければ、人類は今のような文明を持つことができなかったでしょう。

「粘土」というのは、まず「柔らかい」という特性があります。それは「ひも」のように伸ばせばいくらでも伸ばすことができます。『ワンピース』の「ゴム人間」のように。そのひも状になった粘土を「わ」にし、うつわの形にして火で焼くと「固い」土器になります。「柔らかいもの」が「固いもの」になるのです。こうしたことが可能になるのは、粘土が「細かい粒子」でできていて、お互いの接着面が多くて、水分を含むと粘りつくように密着するからです。まるで「ゴム」のように。

子どもたちが保育園で「粘土」の変形を楽しんでいた頃から、すでに「ゴム人間」ルフィの物語を先取りして遊んでいたと言えないこともありません。

こんなふうに、物を細かい粒子状にすりつぶして水を含ませると、何にでも変形させられる粘土状のものができるということを知った人類は、ある時に、小麦やトウモロコシを石ですりつぶして粉状にし、水を加えると「粘土」のようになることを知ります。その小麦粉を練って、丸めて、火に掛けて焼くと、固くておいしいパンのできることを知ることになります。

こうして穀物の粉状化や粘土化は、食物の保存や食べやすさをつくり出してきました。人類の大きな発明です。子どもたちの粘土遊びには、そのような人類の叡智に満ちた歴史が込められていたのです。

現代の子どもたちは、保育園で「土の粘土」ではなく、新しく作られた「小麦粉粘土」でも遊ぶようになってきています。

3 「折り紙」へ

「創作折り紙」というものをテレビで見られた方がおられるでしょうか。恐竜や天馬、カブトムシ、バラや貝殻、ええっ、こ、これが折り紙！　とびっくりするような造形物が「折り紙」として紹介されています。もう十分に芸術作品というか、アートの領域の作品群です。でもふつうの「折り紙」は、幼稚園ぐらいまではしても、小学校に入るともうしなくなっているんですね。「折り紙」というのは、考えてみると確かに本当に不思議なものなのです。たった一枚の紙で、切ったり張ったりしないで、ただ折り込むだけで、どんな造形物もつくってしまうのですから。現在では、このこの小さく折り畳む発想は、宇宙探査機の太陽パネル収納技術などとして先端科学で応用されてきていることなどには注目されてもいいと思います。

そんなふうに、高度な科学技術としても見直されてきているこの「折り紙」の不思議さは、どのように考えるといいのでしょうか。大事なことは、「折り紙」が「一枚の紙」から折られるというところです。

私は、この「一枚の紙」というのは、山中伸弥氏の発見した「ｉｐｓ細胞」のようにイメージするのがいいと思ってきました。たった一枚の「ワンピース」にすぎない紙が、折り方一つで、まるで「ｉｐｓ細胞」が「複雑な生物」をつくってきたかのように、「複雑な姿」をつくり出してきていたからです。「部分品」のように見えている「一枚の紙＝ワンピース」に中に「全体」

があったというわけです。そして、つくり終えて、また「折り」を「解く」と、「一枚の紙＝ワンピース」に戻ってしまいます。「あやとり」の終わりが「一本のひもの輪」になるように。

こういうふうに見てゆくと、たかが「折り紙」と言われてきたものも、幼稚園児の遊びで終わるものではなかったことがわかってきます。「児童文化」と呼ばれてきた分野の深みが、こういう何でもないところから見えてくるから不思議です。

問題は、では「一枚の紙」があれば、どんなものでもつくれるのかということですが、それはそうではありません。そこには「設計図」というか、こういう物をつくろうというイメージやアイディアが必要です。それを今までは「あや」と呼んできました。「あや」は、生命体にとっては、生命そのものの母胎です。その母胎の「あや」が、次にこういう「あや」にしようという「意図」が働くと、別の「あや／かたち」に向けて動いてゆくことになるから、不思議です。

4　「ひも」と「結び」と「包み」

アニメ『君の名は。』（二〇一六年）の中に「組紐」が出てきて、当時の若い人たちに「組紐」への関心を呼び起こしたことがありました。一時のブームだったにしろ、これは良いことだったと思います。「ひも」で遊ぶことについては「あやとり」で見てきました。そういう意味では「組紐」は、子どもの遊びというわけにはいきません。織物として高度な技術が要求されるものだったからです。

でも、この児童文化の話の中では、どこかでそういうものについてお話ししておきたいと思ってきました。そういうものというのは、「織物」についてです。「織物」というのは、「糸」を織ってつくるものでしたが、この「糸」も、綿毛や羊毛を縒って「ひも状」にしたものでした。この綿毛や羊毛を紡ぐ針のある道具を「紡錘」と呼んできたのですが、『いばら姫』には、この「紡錘」を国中から撤去せよと王が命令を出す話が出てきます。これを撤去したら「糸」ができなくなり、「糸」ができなければ「織物」全般ができなくなるので、無茶苦茶な命令を出したものですが、もちろん実行できるものではありませんでした。

ここでかえりみたいのは、でも、そういう物語ではなく、「糸」や「ひも」についてです。「糸」や「ひも」は、それだけでは使い道は限られているのですが、それを結び、組み合わし、編むことで、より強く、より大きな布をつくり出すことができるようになります。そしてその「編み方」に「あや」を付けると、美しい「織物」ができ上がります。そういう織物の広がりも「児童文化」の視野の中に入れておいてもらいたいのです。

ただここで注目したいのは、そういう「服＝織物」がさまざまな「結び」の技術でできていることについてです。というのも、この「糸」や「ひも」を「結ぶ」というあり方は、古代からとても神聖なものとして伝承されてきていたからです。

私たちが「家庭科」で習う「衣食住」と呼ばれる三分野の中心に、たくさんの「結ぶ」というあり方があることには、もっと注目されていいと思います。結婚が「縁を結ぶ」と言われ、暮らしの中の道徳や倫理も、さまざまな人間関係の「結び＝取り決め＝約束事」としてありました。大事なことは、この「結び」は永久的に固定されるようなものではなく、不都合が起これば、その「結び」を「解く」ことができるようになっていたものです。でも、昔は「家の掟」や父親優位の「家父長制度」にきつく結ばれて、自由の取れなかった女性や子どもがいました。でも「結び」は必ず「解く」ことができることも、忘れてはならない大事なことでした。

このように「結び」は身の安全、家族の安全を守るためにもなくてはならないものでしたが、固く結びすぎると解けなくなることもでてきて（それは「結ぼれ」と呼ばれてきました）、それはとても問題でした。

イギリスの精神科医ロナルド・D・レイン（一九二七－一九八九年）の書いた『結ぼれ』（みすず書房、一九七三年）という題の本があります。詩集という触れ込みでしたが、実際に詩集として読むにはひどくむずかしい本でした。でもこの本の題には魅了されてきたものです。「結ぼれ」とは人間関係のひどいもつれや絡まりぐあいをいうもので、それが元で精神科に通う人が出てくるわけで、そういう状況を「結ぼれ」として、本の題に付けたのです。ちなみにこの本の原題は『knots（ノット）』で「結び目」「ロープの固いもつれ」というような意味です。その「ノット」を「結ぼれ」と訳したのは、なんとうまい翻訳だろうと思ったものです。

ところで、この「結び」とともに、もうひとつ考えておかなくてはいけないものに、「包み」というものがあります。考えたいことは、なぜ「包装」のようなものがあるのかということについてです。民俗学的な研究もたくさんなされてきています。柏餅やチマキや柿の葉寿司、竹の皮に包んだおにぎりなどなど、民俗学的な研究の対象になる「包み」にも、私は大いに関心はあるのですが、ここではそういう関心は横へ置いておいて、生命がたくさんな袋で包まれていることだけに注意をうながしておきたいと思います。

植物も動物も人間も、身体の一番外側は、「皮膚」と呼ばれる「袋」で包まれていて、その中にたくさんの臓器がごたまぜにならないように「包み分け」されながら収まっています。不思議です。あまりにも不思議なので、自失しそうです。その不思議の一端は、それらの包みは、固く縛られているのではなく、ゆるく縛られた「袋」になっていて、それは「綴じ」ながら「開く」ようになっています。生命の「包み」とはそういう不思議なあり方をしているもので、そこがまた包装紙などと違うところです。

生命体は、こういうふうに「綴じ」ながら「開く」ような「包み」そのものの総合体なんですね。

よけいなことを言いますが、身体が「包み」だとしたら、その結び目が「口」であったり「性器」であったりしていると思います。とくに「口」は、「包み」を守る大事な結び目なので、そこに赤い目立つ色を塗ったり、髭を付けたり、入れ墨をしたりして、ちょっと豪華に「結び目」

を演出してきたようにも思われます。

5　偉大な「回転」について――「コマ」回しから

さて、生命の「わ」を模した遊びの、大事な物をいくつか考察してきたのですが、その中でも、忘れられてはならない遊びについて触れて、最終講義の終わりにしたいと思います。それはコマ回しについてです。

コマ回しと言えば、今ではお正月にしか遊ばないもので、もうお正月でさえも遊ばないものかもしれません。もちろん、ベーゴマ大会など、大人たちにも人気のコマ回しはあるのですが、遊びの本流からは、ずいぶん外れたものになってきていると思います。でも、ここで考えたいコマ回しは、さまざまな種類のコマや、その遊び方のことではなく、そもそも回るコマとは何なのかということについてなのです。私たちは、おそらく「コマ回し」をする時ほど「回るもの」に関心を寄せる時はないからです。

生命は「わ」のようになっていると再三言ってきました。その「わ」の原型は、太陽の周りを回る地球の公転や、自転のあり方から生まれているのですが、基本的には「わ／環」というのは、「回転」の運動なのです。中学の理科では、物質の源にある原子が、回転しているものであることを教わります。こういう原子の回転と、地球の公転や自転の回転とが連動することによって、生命のあり方もできているので、生命の基本のかたちも当然ながら「回転」です。生命の源に遺伝子ＤＮＡがあって、それは二重ラセンのようになっていると教わりますが、ラセン構造というのも実は「回転」のかたちです。そういう意味で、生きものはみな、生きもの固有の「回転」の仕組みを生きていて、回転が弱まり、止まれば「死」ということになります。

「回転」は「エンジン」と呼ばれる動力源の基本の姿でもあります。あらゆる動く生きもの、あらゆる動く機械の中心には「エンジン」と呼ばれる「高速回転」があるのです。

このことを踏まえると、「遊び」とは何かの根本の定義には、シンプルに「回転すること／わをつくること」ということが含まれなくてはなりません。カイヨワ『遊びと人間』には、遊びの魅力的な考察がたくさんあるのですが、肝心の「遊びは回転だ」という集約された定義は見出されません。でも彼が初めて取り上げた「めまい」とか「サーカス」とか「麻薬」のようなものに共通しているところは、実は「回転」だったのです。

子どもたちのする、「かごめかごめ」や「だるまさん、ころんだ」には「回転」と「停止」が絶妙に組み合わされたおもしろさがありますし、遊びからスポーツやダンスに関心が移っていっても、選手やダンサーの得意技はすべて「回転」に関わるもので、語学や歌唱の勉強にしても「舌や口の動き」というか、「舌や口の筋肉の回転」を求められるものになってゆきます。

遊びというか楽しいことの根源には「回転」があるのに対して、遊びでないものには「回転」を許さない側面があります。じっと学校や会社の机の前に座っていることや、校則や社則に縛れて生きるような時です。だから、その縛りから外れる時が来たら、人々はいっせいに「回転」を求める動きに入ってゆくのです。

こうしてみると、何でもないようなコマ回しのような遊びにも、生命を模した重要なものがあることがわかっていただけるかと思います。

私の好きな歌に、井上陽水の『二色の独楽』という歌がありました。♪まわれ　まわれ　二色の独楽よ　まわりながら動かぬように　きれいだよとても　生きてるんだね♪

おわりに――たくさんの「わ」に支えられて

全体のまとめをしておきます。話のタイトルは「生命のわ」というふうにつけていますが、実際には、「地球の環」「生命のわ」「生活のわ」「政治のわ」というたくさんの「複合するわ」があって、それらの「わ」に支えられて、「人間の暮らし」もそこに存在しうるものでした。釈迦は、自分の直面したものを「四苦八苦」と表現してきたのですが、「四苦」というのは、「病・苦・老・死」で、「八苦」には「愛別離苦(あいべつりく)―愛する者と生別・死別する苦しみ」や、「怨憎会苦(おんぞうえく)―怨み憎む者に会う苦しみ」などがあげられていました。これらの「四苦八苦」とは、つながっているはずの大事な人間関係の「わ」が「切れて」しまった状態を指しています。でも、古代の叡智は、この「切れたわ」の「結び」を求めることを教えてくれてきました。

子どもが活躍する物語、子どもたちがおもしろがる遊びにも、実は「切れたわ」を結ぶための「仕掛け」や「知恵」がふんだんに取り込まれ、つくられてきています。そういう「知恵のわ」を伝えてゆくところに児童文化の大きなミッションがあったはずだと私は思っています。

これでコロナ禍での、私の児童文化の最終講義は終わります。

みなさん、ご機嫌よう。

二〇二〇年三月末日

第Ⅱ部　全方位に向かう児童文化へ

一　「季節」とは何か

1　「季節」を問う

「季節」を、私たちは「春夏秋冬」として、「わ」になって回っているように感じています。でも、なぜ「わ」になっているのか、「説明」することは、なかなかむずかしいのです。というのも、「季節」とは何かを問うことは、「春夏秋冬」を問うというだけではなく、生きもののあり方そのものを問うことにつながっていたからです。「季節」があって、生きものがいるというのではなく、生きものそのものが、「季節」として成立している事情があったからです。「季節」は、そういう意味で生きものにとって根源の土台ですが、実は「季節」そのものも、生きものなしには成立しないものでもありました。「季節」と「生きもの」は「わ」として、根源で支え合っていたのです。

そもそも「季節」は、太陽の周りを回る地球の公転と、その地球の自転と、地球の周りを回る月の衛星的周期が、生命の誕生の中で、まるで「歯車」のようにかみ合わされ、生体周期として再構成され発現してきたものです。言葉で言ってしまえば、それだけのことなのですが、考えてみたら、生体の中に太陽への周期感覚と、地球の周期感覚と、月の周期感覚が、「惑星周期感覚」として関連させられ、内在化させられてきたことの、そのスケールの大きさに圧倒されてしまいます。この「惑星周期感覚」は、そういう意味で「宇宙的な尺度」をもっており、それが驚くべき生命体の根本感覚になっていたわけですが、そういう生命体のあり方は、特別に「季節体」と呼ぶしかないような、不思議な回転体になっていたのです。

そういう「季節体」としての人間が、世界に広がる情景を、「外」側から見て「季節」と呼んできたのですが、ふつうに「季節」と聞くと、あたかも生きものをとりまく「自然」の現象のように見られてきたところがあります。でも「季節」は、生きものの「外」にあるものだけではなく、生きものそのものが「季節体」としてあったがために、それが自然に反映されて、「外」に季節があるかのように見せてきたものもありました。

ところで、「惑星感覚」「惑星周期感覚」として「季節感覚」があるといわれても、ピンとこないと言われるかもしれませんので、ここでもう少し身近な例に引き寄せて「季節」のことを捉えておきたいと思います。

2 「暦」の創造

最も身近な「季節」は、暦や時刻として意識されてきています。暦とは「年、月、日」の周期の意識であり、時刻は「朝昼晩」「眠りと目覚め」の意識です。暦や時刻や朝晩が「季節」と関係あるのかと言われるかもしれませんが、今が「七月」と知ることは、なにも「七月」だけのことを知ることではなく、もうすぐ真夏になる八月のことや、九月からの秋の収穫の準備を考えることであり、「暦」の意識もすべて「季節」の感覚の中で意識されているものです。こうした暦や時刻が、太陽、地球、月の連動する「惑星周期感覚」として生命体の内部に保持されていることを理解することはとても大事です。そしてさらに大事なことは、その暦や時刻の理解が、食物の収穫周期の認識や、人々の誕生や成人、婚姻、死といった冠婚葬祭や、正月やお盆などの年中行事にまつわる時間の観念を形成し、なおかつ、それらが国家の行事としても形成されてきたところを理解することになっているところです。

その中でも特に大事な観念は、誕生と死の観念です。季節感覚が周期感覚（惑星感覚）としてあるという時、生物のもつ周期力（周期を維持する力）には限りがあります。それが、個体（周期体）の死の問題です。生物は、その「死」を周期性でもって「予期」することができ、その「死」が「終わり」に近づくと、周期性を継続させるあり方を、生殖と世代交代の仕組みとしてつくり出してきました。「個」は死にますが「種（しゅ）」としては持続できるようにしてきたわけです。「季節感覚」に「悲哀」の情がまとわりつくのは、「季節」が個体の死（周期性の期限）を前提にして成り立っていたからでしょう。この個体の死を前提にして、婚姻や生殖や子育ての仕組みが形成されてきました。この仕組みの体現されたものを「季節体」と私は呼んでいるのです。

現代の科学は、「季節感覚」が、あらゆる生きものの土台を支えていることに、もちろん注目してきています。それは、「体内時計」「遺伝子時計」「分子時計」「量子時計」というような視点からの研究です。でも、それらの研究は大いに歓迎されるとしても、それらが生命の中の一部の活動として、客観的に観測されてすまされるだけではいけません。「季節感覚」は生命の一部なのではなく、「生命（季節体）」の生きる原理そのものとしてあったからです。

3　「規律」の出現

しかしながら、私たち人間にとっての「季節」が、危機をむかえる時代がやってきます。歴史時代がはじまると、「歴史」は「季節」に立ち向かい、「季節」を支配し、隷属させるよう仕組みを形成してきたからです。その仕組みをここでは「規律」と呼んでおきます。どのような生きものでも、「群れ」をなして生きる以上、それを統率するための「掟」を持ちながら暮らしてきました。人間も、小さな共同体で暮らしているうちは「掟」が機能していたのですが、共同体が大きくなると、強大な支配者が現れ、「掟」を越えた統率力を必要とするようになります。そしてそれが「規律」として法制化してゆくことになります。

問題は人類史の中で、この「規律」が、「季節」とは別の世界を動かす原理になっていったところです。私が「季節」が問題だという時は、季節そのものの形成過程や、生きものを支えるその根源の仕組みへの理解が大事だということとともに、この「季節」を支配、隷属化させるように台頭してきた「規律」との対立の問題が、さらに大きな根本的な問題としてあったことを考えています。

そもそも「季節感覚（惑星感覚）」によって、海の生きものが育ち、山の草木が育ち、それによって諸動物が育ち、棲み分けしながら暮らす感覚が育ってきました。本来であれば、人間にもこの季節感覚をベースにする暮らし（それを「存在給付型」の暮らしと私は呼ぶ）があったわけですが、その過程で人類は「火（鉄）」を手に入れ、武器を作ってゆきました。そしてそれは、人間の共同体の争いを加速させ、強大で広大な共同体を生み出す原動力になってゆきました。「国家的共同体」の形成です。そして、人々は生命原理であったはずの「季節感覚」ではなく、人工的につくられた「規律」を元にした生活様式に支配されるようになってゆきました。

このように、「季節」を支配する「規律」が出現し、「アジア的」な国家づくりをへて、今日新たな発想の元に近代国家が形成されてきています。その現代の国家では、この「規律」があらゆる分野に張り巡らせ、「季節」に生きる人々の姿を、人々自身に自覚させないようにする政治体制がつくられてきています。それゆえに、私たちの課題は、「規律」に支配されながらも、「季節（惑星感覚）」を生きている私たちの存在様式を再発見し、それを土台に据えるような政治体制を再構想してゆくことが緊急の課題として求められてきています。でも、その段階は、まだはじまっておらず、新しく発見されてゆかれねばならない大きな課題になってきています。

二　春が来た——「存在給付」について

1　「春が来た」

「春が来た」は、歌いやすく、覚えやすく、わかりやすい歌です。が、不思議な歌でもあります。子ども向けに作られた歌ですが、でも、実際に口ずさんでみると、「子ども向け」にできているにもかかわらず、何かしら「説明」のしにくいものを感じます。

春が来た　春が来た　どこに来た／山に来た　里に来た　野にも来た
花がさく　花がさく　どこにさく／山にさく　里にさく　野にもさく
鳥がなく　鳥がなく　どこでなく／山でなく　里でなく　野でもなく

高野辰之作詞、岡野貞一作曲

この歌は長い間作者不明だとされてきましたが、のちに高野辰之作詞、岡野貞一作曲であったことがわかっています。高野辰之には、「紅葉（もみじ）」「春の小川」「朧月夜」「故郷」などの名曲があり、いずれも、今でも歌い継がれる名品ばかりですが、『日本童謡事典』の編者、は、この作品の解説を次のように書いていました。

金田一春彦「永遠に歌い継がれて」（『高野辰之（その生涯と全業績）』二〇〇一年、郷土出版社所収）のように、「春の気配の満ちあふれる感じが、単純なリズムの中に躍動して」おり、「唱歌のベストテンの一つに入れるべき作品だ」とする評価もあるが、公平に見て凡作です。初連の「春が来た」は抽象的で映像を欠き、二・三連の「花がさく」「鳥がなく」も具象的でなく、リフレインも新鮮さを欠いており、「山・里・野」の概念を教える国語教材なら別だけれども、音楽教材としては高い点を付けられないだろう。

この「歌」が「公平に見て凡作」だという評価がどうしてできたのか、そのマイナス評価の決め手は、「春が来た」の歌詞が「抽象的で映像を欠き、二・三連の「花がさく」「鳥がなく」も具象的でない」というところにあるという。いったい編者は、なぜこの歌に「春」が具象的に、目に見える映像的に描かれていないと感じていたのか不思議です。口ずさんでみれば、誰の頭の中にもぱぁーと春の光景が浮かんでくるように思えるからです。

たぶん問題は、歌の方にあるのではなく、編者の「春」のイメージの方にあるのではないか、と思えます。そもそも「春」というような抽象的なものは、「花が咲く」という、これもまた抽象的な言い方の中でしか実感できないものだったからです。でも、そうやって「花」を咲かせる「春」が、「野」や「山」にやってきたと、この歌は歌います。口ずさんでみれば、「春」がまさにそのようにしかやってこないことが実感できるのではないでしょうか。

この歌には、編者が思う以上に「春」の不思議な様子が歌われています。その「春の不思議さ」とは何かというと、それは「春」がどこからともなく「やってくる」という事態であり、それは、サッカー場の観客が作る「ウェーブ」のように、「野」や「山」に、次々に「波打つ」ように広がってゆく事態が起こるところです。「春」はそういうふうに、どこからか、どこにでも、やってくるのです。

2 「春」には何が来るのか――「存在給付」へ

「春が来た」の歌では、「花がさく」と「鳥がなく」は連動しています。花が咲くと、虫たちが蜜を求めてやってきて、その虫たちを求めて、鳥たちもやってくるからです。「春」と「花」と「鳥」は連動し、循環しているのです。

そしてここで大事なことは、その「春」が、周期性であり、循環性であり、それが「波」のようにやってくるというところです。「春」が来ただけで、世界には「花」が咲き、「鳥」たちがやってきます。「秋」になると、その「花」から「果実」がなり、それを求めて、また、鳥や獣がやってきます。「春が来る」というのは、生きものたちのそういう巡り巡る循環を準備し出発させる出来事でした。そうした「春」がやってくるおかげで、世界の生きものたちは、「食べ物」に不自由なく、暮らすことができるようになるわけです。

こうした「春」の恩恵となる「花」や「果実」を鳥が食べることは、「自然の摂理」です。誰もそれを食べてはいけないという者はいない。「山」や「野原」にやってきた「春」のもたらしたものを、鳥や獣たちは、自由に食べることができます。つまり、花や鳥は、そこに存在するということだけで、「春」から「恵み」を受けることができるのです。何か条件がいるわけではありません。そこに存在するだけで、花や鳥は、自らを育むものをもらい受けています。その条件をしいて言えば、「春」がくるという条件だけです。「春」がこなければ、「恵み」は得られないからです。

でも、その「春」を、言葉で言うところの「条件」というには固すぎます。そもそも「春」と「野山」と「花」と「鳥」は、「存在」するためのセットになっていて、「春」が来ても、野山に花鳥がいないと、そうやって来たものを「春」と呼ぶことはあり得ないからです。「春」という存在は、野山の存在とセットであり、野山の存在は、花鳥の存在とセットなのです。だから「生けるものの存在」があるところには、いやおうなく「春」がやってくるわけで、「春が来る」ことは「条件」なのではなく「無条件」なのです。だから春のもたらす恵みを、生きものたちは無条件で受け取るようになっているのです。このように「存在」するということだけで無条件に得られるものを、私は「存在給付」と呼んできました。「存在給付」とは、生きものが存在するということだけで、無条件で受け取る世界の恵みのことです。

人間も、世界の中に生きている生きものであり、人間の上にも「春が来る」わけですから、当然人間にも「世界の恵み」「存在給付」が、あってしかるべきです。というよりか、なければおかしいことになります。花や鳥でさえ、無条件の「存在給付」を受けているのに、人間だけは「存在している」のに、「存在している」だけでは何も給付を受けることができないということになれば、人間という存在の仕方は、花や鳥の存在以下ということになるのではないでしょうか。

しかし、人間はそういうわけにはゆかないのです。綺麗な花があっても、自由に見ることすら許されているわけではありません。おいしそうな柿やリンゴがなっているからと言って、自由にとって食べてよいというわけではありません。その花がよその庭に咲いている花だとしたら、勝手にその庭に入って見ることは許されませんし、その庭の柿やリンゴも、勝手に取って食べるわけにはゆかないのです。

なぜいけないのか。「法律」で決まっているからだと、誰かは言うと思います。「鳥」や「獣」になら「法律」がないから自由に食べることが許されているのだと。「人間」には、「自由に食べてもいいという法律」はないのだからと。でも、と子どもなら尋ねるかもしれません。もし、そこに食べるものがなくて「飢える人」がいるとしても、「法律」で決まっている以上は、そこに実っている柿やリンゴを食べることは許されないんですか、と。大人は、法律がある以上、それはできないのだと言うと思います。なぜなのでしょうか。なぜ鳥や獣なら、お腹が空けば、そこにある柿やリンゴを食べることができるのに、人間は人間であるという理由からそれが許されないのでしょうか。いったい私たちが「人間」であるということはどういうことなのでしょうか。鳥や獣にも認められていることが、人間には認められていないということなど、あり得るのでしょうか。

「春が来た」という歌は、春のもたらすもの、春の恵みが、分け隔て無く平等に、野にも山にも広がってゆく様を歌っていたのではないかと思います。でもその恵みは、花や鳥までにとどまって、人間には届かないということを歌っている、ということなのでしょうか。野や山や、花や鳥には「春が来る」のに、人間には同じようには「春は来ない」、ということを歌っていたのでしょうか。

3　「野の百合、空の鳥を見なさい」

この問題は、古代人たちはよく考えたのだと思います。『聖書』には「野の百合、空の鳥を見よ」といわれる次のような話があるからです。

25この故に汝らに言う。何を食べ、何を飲もうかと、自分の生命のことを思い煩うな。あるいは何を着ようかと、自分の身体のことを思い煩うな。生命は食べ物よりも大きく、身体は着る物よりも大きいではないか。26空の鳥を見よ。蒔くことも刈ることも、集めて倉に入れることもしない。しかも汝らの天の父がこれを養い給う。汝らは鳥よりもすぐれた者ではないのか。27汝らのうちの誰が思い煩って、自分の年齢に一ペキュスでも加えることができるか。28また着る物について、何故思い煩うのか。野の百合がいかにして育つかをよく学べ。労苦せず、紡ぐこともしない。29汝らに言う、栄光を極めたソロ・モンでさえこの花の一つほどにも身を装うことをしなかった。30あるいは、今日あって明日は竈(かまど)に投げ入れられる野の草でさえも神がこのように着せ給うのであれば、ましてやはるかに汝らをば。

田川建三訳著『新訳聖書　訳と注　1　マルコ福音書／マタイ福音書』作品社、二〇〇八年

ここにはとても根源的な問いかけが出されています。人間の存在と、花や鳥の存在との対比の問いかけです。そんなことに意味があるのかと思われるかもしれませんが、でも、キリスト教的衣装を取っ払って読んでみると、現代にもかかわるとても大事なことが問われていることに気が付きます。「人間」と「野の百合」の対比といっても、ただの対比ではありません。注目すべき大事なところは、二つあります。

一つ目は、「26空の鳥を見よ。蒔くことも刈ることも、集めて倉に入れることもしない。しかも汝らの天の父がこれを養い給う。汝らは鳥よりもすぐれた者ではないのか」といわれているところ。

もうひとつは、「28また着る物について、何故思い煩うのか。野の百合がいかにして育つかをよく学べ。労苦せず、紡ぐこともしない」といわれているところ、です。

こういう言い方の中では、「人間」は、「蒔くこと」「刈ること」「倉に入れること」「労苦すること」「紡ぐこと」の側に位置づけられ、「野の百合や空の鳥」は、そういうことをしない側に位置づけられています。そんなことはわざわざ指摘されなくても、誰でもわかることだと思われるかもしれませんが、決してそうではないのです。

ここで、仮に「蒔くこと、刈ること、倉に入れること」「労苦すること、紡ぐこと」を「働くこと」としてとらえると、そういうことをしない「野の百合、空の鳥」を「何もしないもの」「働かないもの」ということになるのでしょうか。もしそういう風に考えるとしても、『聖書』のこの箇所では、そうした何もしないものでも、「天の父はこれを養い給う」と言っていることがわかります。「人間は鳥よりもすぐれた者」なのですから、人間が、「蒔くこと、刈ること、倉に入れること」「労苦すること、紡ぐこと」をしなくても「天の父」はなおさら「養って」くださるはずではないかと。

でも、よくよく考えてみると、ここには不思議なことがいわれているのです。「野の百合、空の鳥」は「何もしない」けれど「天の父」は養ってくださる、でも「人間」は、「野の百合、空の鳥」よりもすぐれているのだから、たとえ「人間」でも「何もしない」ものがいても、「天の父」はもっと養ってくださる、といっているからです。

これはおかしな言い分です。私たちの社会は「働かざる者、食うべからず」と教えてきたものですから、そういう教えと真っ向からぶつかるからです。しかし、もちろん、この『聖書』の教えには「からくり」があります。何もしなくても養ってくれるのは「天の父」であり、その「天の父」を信じないものには、そういう恵みは与えられない、という条件がついているからです。その条件とは、「天の父」を信仰する「キリスト者」になるという条件です。

しかし、この箇所は「キリスト教」的に読んですまされるべきではなく、「天の父」は「政治体制」と読み替えられるべきで、「野の百合、空の鳥」は「何もしない」けれど「季節」が養ってくれるように、「人間」もたとえ「何もできない」ことがあっても、「政治体制」で養えるようになっているのが当たり前ではないのかと。

このことを考えてゆくと、「なにもしない」ということの意味や、「養われる」ということの意味について、何ごとかを深く考えなくてはならなくなってきます。そうすると、結局は、「働く」ということをどう考えるかが問題になってきます。『聖書』で「働く」と訳されているものは、イエスの時代であれば、男なら、田畑で「蒔くこと、刈ること、倉に入れること」をし、女であれば服を作るために「糸を紡ぐこと」であり、それらは、一般に「仕事」や「作業」と言われるようなものでした。

しかし一九世紀になると、工場の貿易機械が糸を紡ぐようになり、そこで働くことは「労働」と呼ばれるようになり、「労働する人間」こそが「人間」と見なされるようになってゆきます。そして「労働」した分に見合った対価としての「賃金」が支払われ、「労働」しないものには対価としての「賃金」は支払われなくなってゆきます。そうなると、「人間」の中で、「野の百合、空の鳥」のように、「何もしないもの」は、「労働しないもの」と見なされる事態が起こってゆくのです。

たとえばキルケゴールという哲学者が、『野の百合・空の鳥』という講話の本を出版した一八四八年は、まさにパリで二月革命の起こっていた年であり、マルクスが『共産主義者宣言』を書いた年でもありました。そして、この時、マルクスたちが注目するのも「労働する人間」、つまり「労働者」の存在の仕方でした。彼らにとっては「労働しない存在」は、例外の存在であり、福祉の対象にしかされないものでした。ここに、これまであまり注目はされてこなかった大事な考え方の対比が起こっていたのです。

つまり二月革命の余波が広がり、「労働者」の位置を何よりも高く評価する世界情勢の中で、キルケゴールは、この「何もしない」という「野の百合・空の鳥」のようなあり方でも「養ってもらえるのではないか」と訴えていたのです。でも、多くの人は、こうしたキルケゴールのような発想の根本にはキリスト教の神がいるということで、それは宗教的な救済の話でしかないと相手にはされてきませんでした。

　でもキルケゴールは何を訴えようとしていたのかについて考えてみると、「人間」にとっても、「何もしない」ように存在するものがあっても、それを「養う者」がいるという発想についてです。彼は「養う者」を「天の父」のように宗教的な解釈に求めていたのですが、もっと違うふうに考えることのできる道があっていいのではないか、ということをここで考えたいのです。

　つまりこの「養い主」を「天の父」ではなく、「現実の政治形態」に置き換えることができれば、いったいどれだけの人々が現実に救われることになるだろうか、と考える道筋のことです。そういう現代のテーマを考えさせるものを、この『野の百合・空の鳥』は秘めていたと私は考えます。そしてこのことは、当時のマルクスたちが考えていた考え方、つまり「労働するもの」が「養われる」という発想とは違った発想を投げかけていたものなのです。「労働しないもの」でも、「野の百合」のように養われる、という発想です。その考えを、ここでは「存在給付」と呼んでいます。「存在給付」とは「存在」するだけで得られる「給付」のことなのです。

4　「労働」のできないものへ

　ここで改めて強調して言うことになるのですが、「何もしない」存在に対比させられているのが、近代ヨーロッパを支配しはじめてきた「労働」という観念だということです。「労働」とは「賃金」に換算できる活動のことです。すでに指摘してきたように、一八四八年の『共産主義宣言』が出たあたりから、「労働—賃金—労働者」が主要課題になりはじめ、「労働者」こそが、「人間」の典型のような位置づけがされはじめます。「労働者」こそがすべてであるかのような。そうなると「労働できない者」はどうなるのかというと、当然「労働する者」の恩恵を受けられないもの、という位置づけにされてしまうことになります。「労働者優位」の発想が生まれ、「労働をしないこと」には、それ自体に意味を与えられる発想は出てこなくなるのです。

そんな時代がはじまる中で、「労働をしないこと」にも、無条件の意味を見出す思考を展開しようとしたのが、キルケゴールでした。ただしそれが「天の父」や「神の国」と結びつけられていたので、非キリスト者にとっては、この「講話」がただのキリスト教への勧誘の宣伝文書のようにしか見なされなかったのです。

「労働する生」に対する「労働しない生」の対比。生の中には「労働する生」とともに「労働しない生」もあって、それはどちらかが優位にされるものではなく、対等なものとしてあるのではないか、という問いかけがここにあったのです。「労働する生」では対価として「賃金」が支払われるのは当然なのですが、一方で「労働しない生」も、そこに存在するというだけで無条件に「給付」が与えられるべき、という考えがあっても良いのです。事実、そういうふうにならないとおかしいことがいっぱい起こってきています。でも台頭しはじめた「労働者優位」の社会観の中からは、それに対抗する発想を育てることはできてゆきませんでした。

5　サルトルの「飢えた子どもに文学は何ができるのか」という問い

現在の日本の貧しさには、不気味なものがあります。少し前のデータですが「二〇一六年　子供の貧困率ランキング」として、次のようなデータが公表されています。

順位	国名	指数
四一位	ルーマニア	六七・〇八（最も子どもの貧困率の高い国）
四〇位	ブルガリア	六七・〇一
三九位	メキシコ	六五
三五位	イタリア	六〇・六四
三四位	日本	六〇・二一
三〇位	アメリカ	五八・八五
一五位	韓国	四五・七四
二位	アイスランド	三七・七六
一位	ノルウェー	三七（最も子どもの貧困率の低い国）

※出典：ユニセフ報告書『子どもたちのための公平性』

今日でも、日本の子どもの貧困率の高さはもちろん変わりませんし、民間の「子ども食堂」の運営がニュースでも再三報じられています。国は動かず民間におまかせです。そして、その対応策はというと「福祉の充実」を求めるものです。「子ども手当」や「障害者手当」のようなものを増やすというような発想です。つまり「本筋の支給」とは別口の、「非本来的な支給」の枠をほんの少し広げるか広げないかの発想です。そういう発想になるのは「労働する者」が「本来の支給」をもらう人たちで、子どもや障害者や病人や老人あるいは家事をする人といった「労働しない」と見なされる人たちには、「福祉の手当」で良いという発想です。そういう発想で世界は長い間すごしてきたので、その国に「飢えた子ども」がいても、「非本来の支給」枠を広くとらない国では、どんどんと「飢えた子どもたち」が増えてきていたのです。

そんな時代の中で、サルトルが「飢えた子どもに文学は何ができるのか」と問うて、知識人の関心を呼んだことがありました。でも、時代が下がるにつれて、日本でもこういう問いを発する知識人も目立たなくなってきています。サルトルのこの発言は、『サルトル対談集I』（人文書院、一九六九年）の中の三つの記事（「『言葉』について」一九六四年四月一八日、「ではサルトルは誰のために書くのか」一九六四年五月二八日、「裏切者にあらず」一九六四年五月二八日）で読むことができます。サルトル五九歳の時です。一九六四年と言えばサルトルが、ノーベル賞の受賞を拒否した年でもありました。

私が大事だと思うのは、サルトルが「飢えた子ども」のことを世界に向けて「問題」にしたというその一点についてです。そしてその問題提起は、現代においても少しも薄れていないばかりか、ますます深刻になってきているところを感じるのです。でも、サルトルのこの大事な問題提起は、いくつかの反応を引き起こした後に、大きな流れとして引き継がれずに断ち切れていきました。その理由は、そもそも「飢えた子ども」に「文学」のようなものを対比させるだけの発想では無理があったからです。

では政治体制を「社会主義」や「共産主義」にすれば解決するのかといえば、そんなことはないことは歴史が語ってくれています。つまり労働者（プロレタリア階級）が政治権力をにぎっても、「人間」の位置を「労働する者」に置いている限りは、人間観の根本に、「労働者としての人間」が理想型としてそびえ立つことになり、「労働者」と見なされないものは、「人間扱い」されないような「社会通念」が広がっていたからです。そしてそういう「社会通念」が優先される限りは、「労働者としての人間」に対しては「富の配分」は優位になされても、「労働しない人間」は、「下」に位置づけられてきたのです。

6　「ベーシックインカム」という考え方だけではなく

そして時代は二〇〇〇年代に入って、「ベーシックインカム（basic income）」という用語を使う人たちが出てきました。「ベーシックインカム」とは、日本語で「基本所得保障」「低生活保障」「国民配当」などと翻訳されてきたもので、働いていようが、働いていなくても、一律になにがしかの「所得保障」を与えるという社会制度の提案です。だから、幼児でも、子どもでも、学生でも、主婦でも、病人でも、引きこもりでも、障害者でも、老人でも、一律に所得の配分を受けるわけで、それを「子ども手当」とか「福祉手当」とか、「学生給付」とか、「家事労働手当」とか「福祉年金」「生活保護」などといった、特別手当のように見なさないのです。そして人間であれば、当然受けることのできる基本的権利として支給されるという制度の提案がそこでなされてきました。

こういう「ベーシックインカム」の提案に対しては、普通の政治家や、福祉制度の充実を考えてきた人たちからは、何を無責任な空想を言っているのかとか、財源はどうするのかとか、批判されてきました。「働く者の賃金」すらも十分に支払えない会社があるご時世に、そんな「働かない者」に一律に金を支払う案を考えるなんて、夢物語にもほどがあると。

それでも「ベーシックインカム」は実現可能だとする本もたくさん出てきて、野党の国会の議員の中には、こういう「政策」を「自分の主張」の中に滑り込ませている人たちも出てきています。でも、そういうことが実現可能だとする人たちは、こぞってカタカナの「ベーシックインカム」という言い方を振り回し、話を財源の有無に引き寄せるだけで、議論を進めたりしてきました。

でも、一般の人は「ベーシックインカム」などと言われても、何のことやらさっぱりわからないものです。これだけ、子どもにも、学生にも、年寄りにも、と言いながら、そもそもの用語が、カタカナを脱しないのは、この言葉が全くアカデミックなものに過ぎないところがあるからです。

なぜこんなに大事な提案が、「ベーシックインカム」などといったカタカナ用語でしか提出できないのかというと、この用語が、生活に根ざした用語ではなく、政治用語であり、学問の発想に出所を持っているからです。なので、こういう「ベーシックインカム」というようなカタカナの提案をする人たちには、何かしら大事なものが欠けていたのです。

それが、「生きものの存在」から訴える「存在倫理」のような発想の裏付けです。そこを通過していないところの問題です。

サルトルは「飢えた子ども」のことで大事な訴えをしてきていたのに、その訴えが継承されずに来てしまっている、と私は先に指摘してきました。そして、そういう継承がなされなかったのは、サルトルが「飢えた子ども」に「文学」などを対比させようとしてきたからだと私は指摘してきました。対比するのは、文学ではなく、存在しているだけで受け取ることの給付を考える倫理であったはずなのです。「ベーシックインカム」は、ここで万人に「貨幣」を支給するという発想で考えてきたのですが、「貨幣」では「飢える人」を救うことはできないのです。「貨幣」があるのだから、それで、食糧を買えばいいではないかと思われるかもしれませんが、買うべき食料がなければ「貨幣」があっても使えないのです。そこに「存在給付」という考え方が出てくることになります。「存在給付」とは「現物給付」を保障する考え方です。

すべての生きものは「春が来た」ら、必要な食べものを食べることができるように、「飢えた子供」になにができるかではなくて、すべての人間に「春が来る」形を取り戻す「存在給付」を考えるべきではないのか、というのが私の提案なのです。

7　詩文「ベーシックインカムから存在給付へ」

わたしはどうしたら気づけるのだろうか。

「飢え」からの確実な守られ方について。

国民に、似て非なるものの、ふたつの提案。

ひとつ。「ベーシックインカム（基本所得保障）」を。

もうひとつ。「存在給付」を。

ベーシックインカム。国民全員に生活に不可欠な基本的な現金の支給の制度化を。でも、支給された現金が、数日で賭け事、遊行費に消えるという批判。貯金されるだけという批判。無理もない。ベーシックインカムは「貨幣」の給付なのだから。何に使おうが、とやかくいわれることではない。

「貨幣」の給付の限界と課題と。


存在給付。「貨幣」ではなく衣食住の直接の支えの制度。地域生産物給付と一体の制度。農業、漁業、林業、商業、工業、などの地方の生産物の活性化を支える政策との一体の制度。

「貨幣」だけではなく、「生産物」の給付を。

「飢える人」を皆無にするために。

「地域」の「生産物」と流通機構の見直し。

戦時中の現物支給なるイメージとは違う発想で。


ひとりが生きるために必要な衣食住の見積もり。

日本の深刻な「貧困層」を確実に支えられる施策。

「一日玄米四合と味噌と少しの野菜を食べ」（宮沢賢治）

ではなく、新しい時代の見積もりを。

「一日、米とパンと、野菜と魚と肉と調味料と……」

地域の特色、生産物を生かし、地域の自治体が、地方固有の「一人あたりの基本食糧内容」をモデルとして決め。

それを「地域通貨」「地域カード」で。

その地域の生産物との、「交換通貨・カード」の支給。存在給付。

そのカードは現金にはできない。地域の「生産物」との交換のためにだけ。

米、パン、野菜、くだもの、肉、魚、惣菜、菓子……。

その「地方通貨・カード」の代金は「国」と「自治体」の「財源」から支給。

地域は別の地域との連携を。

地方の生産者は、天候の不順、自然災害の被害などで、生産不振、生産過剰になっても、別の地域との連携で、融通し合い、存在給付の調達は絶対に欠かさない。


存在給付は「質素に」ということではない。

余ったものを分ける、施すというのではない。

食品ロス対策でもない。

安全で安価でおいしい食物の最前線を給付する、という豊かな発想。

衣食住を見直すという生活スタイルの実践としての存在給付。

ファッションと調理と住まいの伝統を伝える、ということ。

外国人労働者にも存在給付は適応されるということ。


村瀬学『生命詩文集　織姫　千手のあやとり』（言視舎から近日刊）

三　シンデレラの「一二時」――シンデレラとラプンツェル

はじめに

シンデレラとラプンツェルの物語は、ディズニーアニメの影響もあって、若い娘さんの恋物語のように受け取られていますが、別な主人公の物語、つまり「暦」という主人公に関わる物語にもなっています。

暦は、循環する「わ」の仕組みを持っていますが、その「暦」と物語が「わ」になっているところに注目してみたいと思います。

1　シンデレラ

（1）どうして「一二時」がわかるの？

シンデレラの話のクライマックスは、「一二時」までに家に戻ってこないと魔法が解けると魔法使いに言われ、その時刻になると、慌てて家に戻ろうとし、その時靴を片方宮殿に忘れてくるというところに置かれています。ディズニーアニメには、このシーンが印象的に描かれています。シンデレラが、王子様とキスをする寸前に「一二時」の鐘がボーンとなりはじめ、慌てて王子と別れ、ガラスの靴が片方脱げたにもかかわらず、拾えずに馬車に飛び乗ります。その間にも鐘の音が聞こえていて、「一二」の音を付き終わる時にはやっと無事に家に戻っているという展開でした。

この「一二時まで」にという話は、実は、ペロー童話の方にだけにあって、グリム童話の方にはありません。グリム童話の方は、初版本で「真夜中になる前に」帰るんだよと鳩に言われることが簡単に、本当に簡単に書いてあるだけです。でもペロー童話の方には、「一二時を一瞬でも過ぎたらダメだよ」と言われ、実際の舞踏会では「一一時四五分の鐘が鳴った」のを聞いて、慌てて家に帰ることになるところが書いてあります。ちなみに、ペロー童話でも、グリム童話でも、「シンデレラ」は「灰かぶり」とか「サンドリヨン（灰かぶりのこと）」と題されていて、わかりにくいのですが、「シンデレラ」は「サンドリヨン」の英語風の読みですから、別の名前になっているわけではありません。

ところで、児童文学が専門ではない、角山榮（つのやまさかえ）（一九二一－二〇一四年）という経済史学者が『シンデレラの時計』（平凡社ライブラリー、二〇〇三年）いう本の中で、シンデレラは、どうやって真夜中の「一二時」を知ったのか、腕時計などを持っていない時代に、と問うておられました。ましてや「一一時四五分」などという半端な時刻をどうやってシンデレラは知ったのかと。そんな時刻に鳴るような鐘があって、それを聞いて、彼女はあわてて帰ることになったのかと。児童文学の発想からでは出てこない、面白い、興味深い指摘でした。

児童文学では、そんなことは物語を考える上では、たいして重要ではありませんでした。というのも、シンデレラのような展開の昔話は、世界中にたくさんあって（二〇〇とか三〇〇あるという人もいます。山室静『世界のシンデレラ物語』新潮社、アラン・ダンダス編『シンデレラ』紀伊國屋書店参照）、そんな中で「時計の時刻」に触れているのは、ペロー童話くらいなもので、全く例外の話です。でもシンデレラというと「一二時の時計の音」というイメージを持ってしまうことになったのは、ディズニーのアニメがそういうところに力を入れて描いていたからでした。アニメ恐るべし、です。

そんなシンデレラを経済史の研究をする角山さんが、なぜ「時計」の話と結びつけたのかというと、経済史の中で人々が「労働時間」を決められてゆくのは「時計」の普及があったからだということがわかってきて、その「時計」の作られてきた歴史を調べてゆくなかで、シンデレラの時計の話にも関心をもたれたというわけです。『時間革命』（新書館、一九九八年）という本の中でも、同様のことが書かれています。

角山さんが調べた限りでは、真夜中の「一二時」に鳴る「時計」はなく、あったとしたら教会の「鐘」の音で、日本でも江戸時代には寺の鐘の音を聞いて、人々は「時刻」を知っていたということでした。でも、それにしては、そういう「鐘」をつく教会やお寺の人は、何を元に「時刻」を知り鐘をついていたのか、それはそれで気になると思います。ちなみに言うと『ペロー童話集』は一六九七年にフランスで、発行されています。一六九七年というと、日本では二六〇年ほど続いた徳川時代（一六〇三－一八六八年）の三分の一くらいのところにあたります。相当古い時代の出版物ですから、時計などが庶民に普及していたことは考えられません。

ちなみにいうと、松尾芭蕉（一六四四－一六九四年）は、このペローの時代に生きていた人で、彼とともに旅をした弟子の河井曾良（かわいそら）の書き残した「随行日記」（『新版 おくのほそ道 現代語訳／曾良随行日記付き』角川ソフィア文庫、二〇〇三年）には、こまかく、「卯の刻」「辰の上刻」「午の刻」などと記録されていて、それは寺の鐘を聞いて判断されていたのだろうと角山さんは推測されていました。

（2）「灰」と「植物」と「魔法」について

すこしシンデレラの話から逸れているようですが、そうでもないのです。シンデレラの話も、実は「時間」に関わる話が元になっていたからです。なので、経済史研究者に頼るのではなく、児童文化の立場から、この「時間」のテーマを根本に抱えているシンデレラの話を見直してみたいと思います。

シンデレラの話で、魅力的なのは、継母やその娘たちに意地悪をされ、みすぼらしい身なりで、みんなから下女のように働かされている娘が、魔法の力で、美しいドレスや馬車を作ってもらい宮廷に出かけるところです。なので、研究者は、このみすぼらしい時の娘や、それを助けてくれる魔法や魔法使いのことをいろいろと調べてくれてきました。とくにペロー童話とグリム童話とでは、「魔法」の現れ方が全然違っていたからです。

ペロー童話では、サンドリヨンの名づけ親の妖精が、カボチャやハツカネズミやトカゲを、ポンポンと「魔法の杖」で叩いて、馬車や御者に変身させました。そして薄汚い服も「あの杖」で触ると、とたんに宝石で飾られた豪華なドレスに変わりました。

グリム童話（一般的に読まれる第七版）の方は、市場に買い物に行った父のおみやげに何が欲しいと「灰かぶり」が聞かれ、帰り道で帽子にぶつかった小枝を折って来てくださいとお願いします。それは「はしばみの木」だったのですが、それを亡くなった母の墓の上に植えると、その木はすぐに大きくなり、「灰かぶり」が困った時にその木にお願いをすると、白い鳥が飛んできて、願ったものを投げ下ろしてくれることになりました。なので、宮廷のパーティの日も、その木から豪華なドレスを投げてもらい、出かけてゆくことになります。馬車はどうしたのかは、グリム童話には書いてありませんから、ドレスの裾を両手で持ち上げながら、全速力で走って行ったんでしょうか（初版本には馬車も出してもらう話を載せていたのに）。

このことを踏まえると、ディズニーのアニメ「シンデレラ」は、ペローの「サンドリヨン」とグリムの「灰かぶり」を合体させて作られていることがわかります。

では、こういう展開の物語から、何を読み取ればいいのかと言うことです。ここで、まずペロー童話と、グリム童話に共通しているものとして、タイトルの「サンドリヨン」「灰かぶり」について、触れておきたいと思います。今では、街の暮らしに慣れた人なら「灰」などというものを見たり、触ったりすることはほとんどないと思います。渦巻き状の蚊取線香からできる灰くらいしか知らないという人もいるでしょう。電気が普及した暮らしの中では、木々を燃やしたり、その燃え残りの「灰」を身近に感じることはできないように思います。

なので、すでに、豊かな（宮廷の舞踏会に出席できるような）暮らしぶりをしはじめてきている有産階級の人々にとっても、ものを燃やして残る灰にまみれるような暮らしは、下層階級の人々の暮らしのように見下げられていたと思われます。しかし、火を燃やし、物を煮炊きし食べる暮らしが中心であった人々にとっては、火を作る木々はとても大事でしたが、それだけではなく、燃やした後の「灰」も大事なものでした。「灰」の成分はカリウム、カルシウムなどでできているので、酸性になりやすい田畑の大事な活力（土壌改良）にもなるものでした。なので「灰まみれ」になることは、卑しいことでも何でもなく、むしろ暮らしにとっては、とても必要なものとしてありました。日本の昔話「花咲爺」でも、「灰」をまいて花を咲かせる話になっていました。灰の汁も、消毒液や、食べものの渋抜きにも使われ、染料や焼き物のうわ薬にも使われてきたものでした。

元々は植物の成分からできている「灰」なのですが、生の植物から遠ざかる暮らしをはじめるにつれ、「灰」も汚れたものにしか思えなくなってゆきます。

こうした「灰」の名前を持った娘さんが、豪華なドレスを身にまとい、王子と結婚するストーリーは、貧しい者が一転して裕福になったり、無名のものが一転して有名人（スター）になるような展開と見なされ、シンデレラストーリーなどと呼ばれてきたものでした。しかし、元々は植物であった「灰」の中に座っている娘さんには、ある意味では「植物の芽」というか「種」のような力を持ったものとしてのイメージがあるのです。

この「種の力」を持った娘さんが、木や木の妖精のようなもの力を借りて、豪華な衣装を着る者に変身させてもらうのですが、それはよく考えると、汚い地面の中にいるような「種」が成長し、きらびやかな花を咲かせ、宝石のような実をならせていく、いわば自然な成長過程に似ていることに気が付きます。事実、ペロー童話では、名づけ親の妖精が、「魔法の杖」を使って、馬車や御者に変身させました。汚い服も「あの杖」でさわると、とたんに豪華なドレスに変わりました。グリム童話では、「ハシバミの木」と、そこに寄ってくる白い鳥が、望みのものをもたらせてくれていました。二つの童話の「灰かぶり」を援助してくれるのは、共に「植物」であり「植物の精」のようなものでした。

「ハシバミの木」は、古代のケルトの人々にとっては「聖なる木」であり、「知恵」や「美」を授けてくれる大切な木でした。おそらくグリム童話で使われた「魔法の杖」も、こういう古代から「聖なる木」と呼ばれていたものでできていたのだろうと思われます。そうすると「魔法」と呼ばれてきたものは、実際には「植物」と呼ばれてきたものがもつ「不思議な力」のことを言っていたのではないかという気がしてきます。

(3) 改めて「一二時」の意味と「季節」について考える

以上のことを考えると、シンデレラは、植物の種であり、植物の力を持ったものであり、その力で着飾り、自らを「美しいもの」として、作り出すことができていたと、改めて考えることができますし、この「植物の力」こそが「魔法」と呼ばれるものだったことも、わかりやすくなります。『聖書』に、次のように書かれた箇所があります。

> 野原の花がどのように育つかを考えてみなさい。働きもせず紡ぎもしない。しかし、言っておく。栄華を極めたソロモンでさえ、この花の一つほどにも着飾ってはいなかった。
>
> ルカによる福音書　一二章二七節『聖書』新共同訳

この「ソロモンでさえ、この花の一つほどにも着飾ってはいなかった」というのが、シンデレラの実際の姿だったように感じます。

では、「一二時」を過ぎると、「魔法」が消えるというような物語の設定はどのように考えたらよかったのでしょうか。すでに見てきたように、「夜の一二時」とか、「夜の一一時四五分」がわかるような設定の話は、ペロー童話だけにある話なので、あまりこだわることはよくないようにも思います。ですが「一二時」とか言わなくても「真夜中」を過ぎたらダメで、それまでに帰っておいで、と言われる話には、どこか軽視できないものを感じます。たぶん、それぞれの家庭にあるような「門限」のイメージでもって、この「真夜中」の問題を身近に感じていたと思いますから。

でも、それにしては「真夜中」とか「一二時」というのは、「門限」にしては、ずいぶん「遅い」ように感じられます。それに、門限なら八時とか九時のようなものになるのに、「真夜中」というのは、何かしら、切りが良すぎるように見えます。なので「門限」とは、違ったような意味を持たされているのではと考える必要があります。

考えられることは、この「真夜中」とか「一二時」という区切りは、元々は、四季の区切りというか、季節の区切りのようなものとして人々に意識されてきたものではないかということです。植物は、確かに「着飾る」不思議な力をもっているのですが、その力は、いつまでも続くわけではありません。サボテン科のゲッカビジン（月下美人）の花は、一晩だけ花を咲かせ散ってゆきます。まさに「真夜中」を過ぎると、だんだん萎れてゆくんですね。そして、ソロモン以上に着飾る花々でも、そういつまでも着飾っていることはできないのです。なぜなら植物は「季節」という制限の中で生きているからです。そういう意味では、「灰かぶり」がもし植物のようなものであったとしたら、その着飾った姿にも「制限」があったと考えなくてはなりません。それが、長い年月を掛けて「灰かぶり」のような物語になる過程で、四季の制限ではなく、真夜中の制限になっていったのではないかと考えることもできてゆきます。

もし、シンデレラの話が、もともとは植物のもつ偉大な力を物語化したものであったとしたら、花のように豪華に着飾った後、着飾ったものを失うことが起こることになります。

（4）残された片方の靴について

ところで、もし「灰かぶり」が植物のような存在で、「真夜中」を過ぎると豪華な「花」を失ってゆくものだとしたら、「その前にすること」のあるのがわかります。それは、「種（たね）」として生まれ、「灰」の中で育った植物が、こんどは自分が「種」を残すようなことをするという過程です。それが、宮廷の階段に、片方の靴を残して去るというような話になっていったのではないかと。

ここで主人公の名前を、なじみの英語風のシンデレラにしておきますが、このシンデレラの残した靴が、シンデレラの「種」であったと考えることは、とても楽しいことです。でも、シンデレラの話は、若い娘さんの話として作り変えられているので、「靴」を「種」にすると、少し性的な話にもなりますから、説明するのがむずかしいところです。

というのも、昔から「靴」というのは、「性的なもの」のシンボルとしても意識されてきたからです。精神分析風にいうと、「靴」は「女性器」のかたちをしていて、そこに入れる「足」は「男性器」のようにイメージされる経過があったからです。でも、シンデレラの話では、脱げてしまった片方の靴に足を入れるのは、シンデレラですから、靴が女性器で、足は男性器というのでは、おかしなことになってしまいます。なので、そこは精神分析風のイメージを物語に当てはめて考えることはできません。

それでも、私は、シンデレラの残した靴は、めしべの花粉のようなもので、そこにおしべの花粉が取り付いて「受粉」となるようなイメージを持つことが必要かと思っています。シンデレラは、外装のきらびやかな衣裳は失っていくけれど、「めしべ」だけは残しておいて、「おしべ」がそれを拾ってくれることに賭けている……というふうに。

2　ラプンツェル

（1）悪い妖精や魔女ではなさそうなのに

ここからは、ラプンツェルの話に移りましょう。ラプンツェルも、きっとディズニーの3Dアニメ『塔の上のラプンツェル』で見られて、よくご存じだろうと思います。ディズニーの天真爛漫なラプンツェルの描き方が、きっと多くの観客を魅了してきたからです。

でも、グリム童話に収められた物語を読まれると、ちょっと、不思議というか不自然な書かれ方がしてあるのに気が付きます。というのも、主人公の女の子は、最初に若い夫婦の間に生まれているのですが、妊婦が隣の畑の野菜（ラプンツェルと呼ばれる西洋サラダ菜）を盗んで食べたばかりに、生まれたとたんに、隣の魔女（初版分では妖精となっている）に奪われて、ラプンツェルと名付けられ育てられるという展開になっているのですから。

そして何よりも不思議なのは、その妖精や魔女と呼ばれるものが、その娘に悪いことをするかといえば、結構大事に育てているんですね。そもそも物語で最初に「悪いこと」をしたのは、娘の両親だったということになっているのですから。そして娘が「一二歳」になった時に、森の中の高い塔の上に閉じ込めてしまいます。でも閉じ込めるからといっても、ここでも何かひどいことをするわけではなく、よく面倒を見て育てているのです。何かしら奇妙な展開です。

（2）王子との出会いと妊娠と塔からの追放

でも、話は進みます。塔のてっぺんで育ったラプンツェルは、魔女がそのてっぺんにやってくるたびに、長い髪を垂らしてあげなくてはなりませんでした。それをつたって、魔女は塔を上り下りするわけですが、物語では、その様子を見ていた王子が、真似をして塔の上までやってくることになります。そして、ラプンツェルはその王子が好きなり、双子を身ごもってしまいます。

それが魔女の知るところとなり、長い髪を切られて、塔を追放されてしまいます。王子の方も、塔から落ちるのですが、茨の中に落ちたので失明してしまいます。その後、ラプンツェルは荒れ野で、双子の子どもを育てていたのですが、そこにやってきた盲目の王子と巡り会い、ラプンツェルの流した涙が王子の眼に入り、また見えるようになったという結末になっています。

こういう展開は、いろいろと解釈されてきました。とくにラプンツェルが閉じ込められる塔は、女性が性的に保護されるような場所だったのではないかとか、その塔で「一二歳」を迎えるとは、昔の「成人式」を迎える頃までのことを意味していたのではないかとか。だから、「一二歳」になり、「成人」になったラプンツェルは王子を迎え入れて、子どもを授かることになっていったのだと……。このラプンツェルの話に似た話はイタリアにあり、そこからヨーロッパに持ち込まれたのだろうと言われていますが、イタリアを舞台にした『ロメオとジュリエット』を書いたシェクスピアは、ジュリエットの年齢を「一三歳」にしていました。「一二歳」「一三歳」というのは、昔では「成人」の入口のように見られていたわけです。

もしそうだったとしても、その後の展開は、若い二人にとっては相当ひどい展開になっていますし、それまで虐待をすることなどしなかった妖精や魔女にとっては、大変な変わりようです。

そこで改めてこの物語を振り返ってみると、やはりどうしても印象に残るのは、ラプンツェルの長い髪のことです。ディズニーのアニメでも、この長い、あまりにも長い髪の毛が、とても印象に残る形で描かれる作品になっています。でも、なぜ?と思います。物語の作り手は、なぜラプンツェルに、そんなとんでもなく長い髪の毛を伸ばさせていたのかと。不思議です。魔女が塔をのぼりおりするためといっても、縄のハシゴなりを使うこともできたはずですから、髪の毛を使うなどということをしなくてもよかったのです。それに塔の上には、風呂もないでしょうから、そんな長い髪をどうやって洗っていたのだろうかと、つまらない想像もしたくなります。

(3) 野菜の名前をもつ主人公

こうして考えると、このラプンツェルという物語にも、元々の物語の核を作っていたようなものが別にあったのかもしれないことが想像されます。注目したいのは、この物語にも類似した物語がすでにあって、グリムはイタリアのバジーレの『ペンタメローネ』のなかに似た話のあることは知っていたとされています。そこで注目されるイタリアの主人公の娘も、パセリやキャベツやのような野菜の名前を持っていたというところです。もちろんラプンツェルも西洋サラダ菜の名前でした。もちろんサラダ菜ではなく野ヂシャだとか解釈は分かれていて、どの野菜が正解だとは言えないのですが、要は野菜だというところが大事かと思います。つまり植物だというところです。

このことで言えば、シンデレラが植物の力として造形されていたように、ラプンツェルも植物の力として造形されていたところがあると思われるのです。もしそうだとしたら、物語において「種」を作る人(夫婦)と、野菜畑を持つ人が、分けられているのも、なんとなくわかります。

「種」は持っているだけでは育ちません。肥料の入った畑に植えられてはじめて成長するからです。そのことを踏まえると物語の中で、畑の持ち主が「子どもを幸せにしてあげる」とか「よく面倒を見てあげる」などと妙なことをいうのもわからないわけではありません。「種をつくる」ことと、「種の植え付け」は、別の作業であることは、現在の農家でも同じことだからです。

(4) ラプンツェルの「長い髪」は「根」だった

そういうことを踏まえておいて、物語に話を戻しましょう。話は、隣の畑の持ち主に貰われた娘が「一二歳」の時に、高い塔のてっぺんに閉じ込めてしまいます。なんてひどいことをと思うのですが、それで虐待をされているわけではなく、今まで通り大事には育てられているのです。こういう展開も不思議なものでした。でも、もしこのラプンツェルが名前のような野菜の力を持ったものだとしたら、物語の情景はだいぶ違って見えることになります。

とくにラプンツェルがとんでもなく長い髪を持つようになり、それを塔から垂らしている姿が、絵本の挿絵にも印象的に描かれてきました。ラプンツェルといえば長い髪というイメージになるでしょう。ではなぜラプンツェルに長い髪が与えられてきたのでしょうか。考えられるのは、この長い髪が、植物であるラプンツェルの「根」のようなものであるということについてです。このように長く伸びてきた根は、その上の植物がとても立派に育ってきたということを表していま す。その生長の極みが人間でいうところの「成人式」を迎える頃の「一二歳」ということになります。

だからあえていえば、娘の長い髪を、塔から垂らして見えるようにするということは、野菜が成熟し、人間であれば「成人」になったことを周りに見せているようなもので、世の異性をわざと引き付けるようなことを魔女がしていることにもなります。

そして案の定、その長い髪の毛を見た王子が、それをつたって娘のところへやってきて、性的に結ばれて「子ども」という「種」を身ごもってしまいます。すべては、「植物」にとっては計算通りの展開になっているのです。でも、この展開を人間の物語のようにしているものですから、ラプンツェルの物語は、育て親に隠れて男と付き合いをし、挙げ句の果ては妊娠をした悪い娘と、妊娠させた悪い男の話にされてゆくことになります。

物語では、怒った魔女が長い髪を「ジョキジョキと切って」しまいます。本来であれば成熟した野菜は、根をジョキジョキ切って、市場に出荷される段取りになって当たり前のところです。でも人間の物語になっていますから、ラプンツェルと王子は、「罰」を受けて「塔」から追放されることになります。そして、その追放される仕方も、けっこう残酷なふうに描かれ、今まで大事に娘を育ててきた割には、ここで一気に魔女の本性をむき出しに見せていると読み手は思うかもしれません。ラプンツェルは荒れ野に追放され、王子は茨で目を突いて失明してしまうからです。

こういう物語の終盤の展開は、どういうふうに考えたらいいのかということです。考え方としては、いろいろに考えることができるでしょうが、今までのように、もしこの物語も「植物の力」を物語化している側面があるとしたら、最後の展開も植物に関わるものになっているのではないかと予測することができます。そうすると、ヨーロッパの人々が慣れ親しんできた『聖書』の中の植物に関わる話が、透かし見えるのではないかと。たぶんそれは、『聖書』の次のようなたとえ話なのではないでしょうか。

イエスはたとえでいろいろと教えられて、その中で次のよう言われた。「よく聞きなさい、種をまく人が、種まきに出て行った。まいている間に、ある種は道ばたに落ち、鳥がきて食べてしまった。ほかの種は、石だらけで土の少ない所に落ち、そこは土が浅いので、すぐに芽を出した。しかし、日が昇ると焼けて、根がないために枯れてしまった。ほかの種は、茨(いばら)の中に落ちた。すると、茨が伸びて、覆(おお)いふさいだので、実を結ばなかった。また、ほかの種は良い地に落ち、芽ばえ、育って実を結び、あるものは三十倍、あるものは六十倍、あるものは百倍にもなった」。

マルコによる福音書　四章一－八『聖書』新共同訳

ここにはまさに「茨」の話や「荒れ野」の話が出てきます。そして、そういうところに落ちた「種」は、うまく育たないことを言っています。でも若い二人は再会し、荒れ野でも力を会わせて土地を耕し、豊かな土地に作り変えて、幸せに暮らしていったのだと思えるような終わり方をしています。ちなみに、西洋サラダ菜やイタリアンパセリの家庭用栽培の根の部分の写真は、ネットでも見ることができますが、とても長い物です。長い根がツバメの巣のようにぐるぐる巻いているのがわかります。これなら長く伸ばすと、塔の下まで届くような気もします。

(5)「一二時」と「一二歳」

さて振り返ってみると、シンデレラの「一二時」と、ラプンツェルの「一二歳」というのは、物語の上ではとても重要な役割を果たしていたのですが、それは「季節」を生きる植物にとっても、とても重要な節目をもたらす時期の、「象徴的な時」を示すものでもあったことがわかります。共に、植物の成熟期の時の象徴で、その時に、おしべやめしべが開花して、花粉を飛ばし、性的な受粉をし、果実を作り、種を残すという一連のことを、大急ぎでやってしまわないといけない時期でもあります。そういう受粉の過程を、階段に残した片方の靴に託し、そこに残した靴＝一粒のめしべを拾い、おしべの王子が自分の愛する相手にたどり着くという話に作り変えたとしたら、なんという想像力なのだろうと感心しないわけにはいきません。

こうしたシンデレラのような話は、ひとたび人間だけの話のように読みとれば、一攫千金というか、玉の輿の乗るというか、無名の人が一夜にしてスターになるシンデレラストーリーに読まれ、何も努力しない女が、魔法や男にすがって裕福になる、女性軽視の話のように見られることもありうると思います。そういう読み取りも、女性を奮起させるためには面白いですが、植物と共に生きていた時代の人たちが、精一杯植物の力を面に見えるようにしてくれていた物語として読み返してみるのも、植物と人間の両方の姿を振り返るようなことができて、それもまた楽しい読み方になるのではないかと思われます。

四　『クマのプーさん』もう一つの読み方

1　『クマのプーさん』の不思議な世界について

（1）「知性」とその「対極」にあるものについて

「知性」の反対にあるものを主人公にした作品が『クマのプーさん』です。ふつうに考えると、「知性」の反対に当たるものは「愚か」と見られます。ですから、この作品の主人公は「おばかさん」と見なされ、事実そう呼ばれてきました。しかし、社会風刺家の作者ミルンが、「愚か」なだけの「クマのおばかさん」を描いて何が面白かったのかと思いますし、そんな作品であるにしては、とても多くの子どもや大人が、この作品を読んで面白がってきたものです。この作品には、何か大きな秘密というか仕掛けがあるみたいなのです。

この作品を読むためには、作者ミルンが「知性」を「いいもの」としては見ていないことを踏まえて、では「知性」の対極にあるものは、本当は何なのかについて、作者の問いかけているところを考えてみたいと思います。「知性」とその対極にあるものとの「わ」についての考えを。

（2）「ぬいぐるみ」とは何か

「クマのプー」が「ぬいぐるみ」として設定されていることは、もちろん誰でも知っています。でも、なぜ「ぬいぐるみ」なのかということは、あまり「問題」にされることがありません。「ぬいぐるみ」なんて誰でも知っていると思われているからです。たぶん「ぬいぐるみ」と言うから、幼児っぽいものに思われるのですが、言い方を少しずつ変えて、人形、フィギア、マスコット、土偶、石像、仏像などと言い換えてゆくと、それを「説明」するのがとてもむずかしくなってゆくのがわかります。ただ、古代から、そういうものに託されたものは、幸福や幸運、豊穣や栄え、健康や病気回復、安心や安全などの「祈願」であることがわかります。「祈願」とは、「切れてしまうもの」を「つないでくれるもの」への願いであり祈りのことです。四苦八苦という言葉がありますが、中身は、生・老・病・死の四苦に、愛別離苦などもろもろの苦を合わせたものをいいます。それらはみな、それまでつながっていたものが切れてしまうことを表しています。その切れたものを、結び直し、再生させるように願うことが「祈願」と呼ばれるものでした。そしてその「祈願」の原型は、冬が来て世界が枯れ果て、命が切れたようになっても、春が来て世界を再生してくれる「季節」の働きにありました。それが「わの再生」です。

そして「ぬいぐるみ」や「人形」、「仏像」といったものは、この「わの再生」への「祈願」を受け持っているものだったのです。

そういうことを考えると、「クマのプー」が「ぬいぐるみ」として設定されることで、そのマスコットを「お守り」のように通学カバンにぶら下げているのは、何かしらの「祈願」が込められていることがわかります。ということは、ミルンの創作した『クマのプーさん』が、「ぬいぐるみ」としてあるということは、古代の人々が「守り神」に託していたようなものが託されているのではないかという予感もしてきます。

それがもし「わの再生」を象徴しているとしたら、私たちは『クマのプーさん』をもう一度新たな視点で読みかえしてみてもいいのではと思います。そしてもしその「わの再生」が、「人間の知性」に対しては対極にあるもので、「春が来る」「ハチミツが採れる」というようなものだとしたら、そういうことは「人間の知性」ではなしえないものとしてあったはずですから、それを「おばかさん」ということはできないのではないかと思われます。そういう疑問が実は「プー」の造形に託されていたのではないかと。

そのことを確かめるために、具体的に作品をたどってみたいと思います。その前に、もう少しだけ、「わ」というものの予備知識について触れておこうと思います。それは「わ」を保存する「壺」のイメージについてです。

（3）ハチミツと壺について

「プー」の物語で、興味深いのは、「プー」の大好きなハチミツがいつも「壺」に入っているところです。物語の挿絵にも、プーと壺はいつもセットになって描かれています。大洪水が起こった時は、木の幹の上にたくさんな壺を並べて座っている挿絵が描かれていますが、どこからそんな壺を手に入れたの？などと、疑問に思ってはいけません。ハチミツはミツバチの作った六角形の壺の中に溜めて置かれるように、そもそも「生命（季節体）」というのは、身体そのものが「袋」や「壺」のようになっていて、その中で「わ」が保持され再生させられているものだからです。「壺」は生命体の原型であり、そこからはじまり、そこへ戻っていく「子宮」の原型でもあるものです。なので、プーがいつも「壺」と共ある光景は、簡単に考えてはいけないところだと思います。

（4）「知性」が見下す作品の批評

『ユリイカ』という雑誌の「クマのプー」の特集号（二〇〇四年一月号、青土社）に複数の精神科医の書いた「百エーカーの森の病理――A・Aミルン作品にみる発達病理」（セーラ・E・シェイ他）という文章があります。そこで医師たちは、われわれはミルンの『クマのプーさん』と二冊目の『プー横丁にたった家』を徹底的に読んで、「百エーカーの森」の住民たちの診断を行った、と書き、そして、医療関係者に、この物語には暗い側面もあることを理解してもらえたら嬉しい、というようなことを書いています。

「まずプーから始めよう。このかわいそうなプーは二つの問題を合併している。もっとも目立つのは注意欠陥多動性障害（ＡＤＨＤ）の不注意優勢型である」「我々はプーに衝動性の問題もあるのではないかと議論した。しかしながら、我々は、この行為はむしろ彼に合併する認知障害によるものであり、ハチミツに対する強迫的執着がそれをますます悪化させていると判断した。」そしてプーは「将来トゥレット症候群を発症するかもしれない」、ここには、そんなふうに書かれています。ちなみに「トゥレット症候群」というのは「チック」をみせる「症状」のことらしいです。

「知性」の立場に立つと、「季節体」としてあるものに「優れたもの」みることができなくなることがよくわかります。「知性」の立場に立つと、プーはどこからどう見ても「発達障害」であったり、「知的障害」であったり、「認知障害」であったり、というようにしか見えなくなるからです。

2　『クマのプーさん』を読む

（1）風船とミツバチ

一話。高い木の上にあるハチミツの巣に、風船を使って採りに行こうと考えるプーの話です。風船によって舞い上がれるくらい軽いクマは、ぬいぐるみでしかないのですが、しかし、なぜ風船のようなもので、ハチミツを採ろうとしているのか、その「おばかさん」に見える物語はなにを語っているのかということです。

『クマのプーさん』の中で、もう一箇所、風船の出てくる場面があります。イーヨーの誕生日にコブタが、風船の贈り物をする場面（六話）です。なので「風船」を考えるには、この二つの場面に共通するものを考えることが必要です。イーヨーへの贈り物としての風船はのちに見てもらうことにして、その場面も念頭に置きつつ、共通するところを少し見ておきます。

この一話には、高くそびえる木と、その上の方に蜂の巣があって、プーには手の届かないところ、手の出せないところにあるものです。ここでは「プー」なりに、「風船」を使ってなら採れるのでは、と考えたお話です。「風船」とは、「軽い壺（生殖体）」のようなもので、「希望」というか「祈願」のこめられたものです。でも、「風船」では高みにある「ミツバチの巣（おとなの生殖力）」には届きませんでした。ここでクリストファー・ロビンは、家からもってきたおもちゃの鉄砲を撃ち、風船を割ってプーを地面に落としてあげます。といっても、その「鉄砲」は、先にコルクのついたおもちゃの鉄砲なので実際には「風船」を割ることはできないのですが、でも、それを撃ってプーを地上に戻すことで話は終わります。このコルクのついた鉄砲は、ロビンの小さなおちんちん（生殖体）の代理物のようなものと見なしておいてもいいと思います。

この一話の最後はロビンが「ぼくが、おふろに入るの、見にくる？」という言葉掛けをし、風呂場の挿絵で終わっています。挿絵では「プー」が湯船の左に座り、ロビンが下を向いて洗っているのを見ている光景で終わっています。

（2）ウサギの家（入口）とプーのふくれるお腹（お尻）

二話。「プー」が「ウサギ」の家（巣／壺）にお邪魔して、家の中の食べもの（ハチミツ）をたらふく食べて、入口から出られなく話です。この二話は、いかにも食いしん坊のおばかさんの話を描いているように見えますが、そうでもないのです。

そもそも、生命の「壺」は、つねに内部に「壺」を溜めるという仕組みになっています。身体（壺）の中に心臓、肺、胃などの「壺」を持っているように。つまり、「壺の中の壺」というあり方です。「細胞の中の細胞」と言ってもいいかもしれません。「壺」は、そこにさらに「祈願」までもを詰め込みますから、いくらでも膨らみます。

「膨らみすぎる壺」は、時間をかけると、周期性としてのしぼみ（消化）に至り、あとは排便のように「外」へ出したり、あるいは妊娠や出産のようにして、丸ごと「外」に出すなど、します。

そうした「壺の中の壺」や「壺の出し入れ」などは、「知性」から見ると、ただの「出し入れ」の話のようにしか見えないかもしれませんし、「壺」の「入口」や「出口」は、「口」と「尻」などのように見なされ、「口」は「上級」に、「尻」は「下級」と見なされるかもしれません。

確かにそういうふうに見ると、この二話では、ウサギの巣穴（壺）の「入口」に、膨れたプーのお腹がつかえてしまい、ウサギは、一週間の間、自分の巣の「入口」に、プーの「お尻（出口）」を見続けることになっていて、知性ある読者から見たら、汚い光景のように見えていたかもしれません。それも、プーが排便をしないということが前提です。もちろん「ぬいぐるみ」ですから、しませんが。

（3）プーとコブタが、「モモンガ」をつかまえに

三話。プーの親友のコブタが登場します。彼は、物語全体の、もう一人の主役です。コブタのいないプーの物語は想像できませんし、プーの物語の大事な場面は、このコブタと共に展開されていますから。そういう意味で言えば、プーとコブタは、双子のような存在です。でも二人（二匹？）はだいぶ違います。プーの方は、「季節体」を代表しているのに、コブタはその「季節体」に芽ばえた「小さな知性」として設定されているからです。それも「小さな心臓（小心）」をもった「良心ある知性」としてです。

ですから、コブタはいつも「知性」から遠くにいるプーに寄り添い、その「良心」でもってプーの存在をよく了解し、よき理解者として振る舞っています。世界でコブタほど「季節体」としてのプーを理解できている者はいないのです。でも、ときどき「知性」が勝ってプーの言動を「恥ずかしく」思うことも出てきますが、それは「知性」を持った者としてはしかたのないことです。

三話は、雪の日に、プーが何者かの「足跡」を見つけて、「モモンガ」ではないかと考え追求する話です。その「追求」の途中で、コブタと出会い、一緒に、その「足跡」を追って、モモンガを見つけようとします。でも、そうやって追求してゆくと、足跡がしだいに増えていって、モモンガは一匹ではないのだということになってゆきます。

そうこうしているうちに、二人は木の上にいたクリストファー・ロビンに呼び止められ、君たちは自分の足跡をたどってぐるぐる回っているだけじゃないかと笑われてしまいます。コブタは自分の予感が当たっていたのがわかって、プーを傷つけないように、そそくさとその場から立ち去ってしまいます。

「知性」で読めば、何の面白みもない展開の話ですが、作者はなぜこんな「おばか」な話を書き込んだのかということです。ここには「自分の足跡」をたどるプーが描かれているのですが、「季節体」というのは、そうやって、ぐるぐると回る周期的なもの、循環的なものを日々たどっているところがあるのです。寝ては起き、食べては腹を空かせ、同じようなことを毎日毎日くり返したどっているからです。そうして、「季節体」は、周期性を持つ「循環（わ）の時間」を生きているのです。でも循環するような時間を周期的にたどることは、「知性」から見たら、進歩のない堂々めぐりの行為にしか見えません。「同じこと」しかしていないように見えてしまうからです。なので、ロビンからみたら当然「プーのおばかさん」ということになります。コブタの「やさしい知性」でも、プーの「循環行動」には耐えられずに、黙って静かに「知性」の方へもどらなくてはならないのです。

（4）イーヨーが、しっぽをなくす。

四話。陰気な年寄りのロバのイーヨーが出てきます。「萎えた知性」とでも呼ぶべき、陰気な知性の持ち主です。そのイーヨーに「しっぽ」がないことに「プー」が気が付き、探してあげる話です。ロバが「しっぽ」をなくすことなどあり得ない話ですが、このイーヨーも「ぬいぐるみ」ですから、あり得ます。結局、その「しっぽ」はフクロウの入口に、「呼び鈴」のようにしてぶら下げられているのが見つかったという展開です。その「しっぽ」発見の過程が、とぼけた会話のやり取りで綴られているので、くすくす笑いながら読んでゆく人もおられると思います。

でも問題は、この「しっぽ」とは何かということです。プーはせっかく、イーヨーに「しっぽ」がないことを見つけたのですから、それを探すことに大きな使命感を覚えます。が、当のイーヨーは、そういうことにはほとんど関心が無く、「しっぽ」なんてあってもなくてもいいような感じでいます。

わかりやすく考えると、この「しっぽ」は、役に立たなくなった「老いたおちんちん」のようなものになるのでしょうか。それはただぶらさがっているだけのもので、イーヨーにとっては、あってもなくてもいいものです。それは「なくした」からといって、今さら見つけてもらっても、役に立つわけではなく、さりとて「ない」ということになると、「かっこ悪い」話にはなるものです。それで話の最後は、プーに見つけてもらったしっぽをクリストファー・ロビンに、釘でお尻に打ち付けてもらうことでめでたく終わります。イーヨーにとっては、めでたくもないような感じで終わります。

たしかに「知性」からすると「老いた性」は、ただ付いているだけの、役立たずの性にすぎませんが、「季節体」としてみれば、「老いた性」などというものがあるわけではなく、「季節体」としてある限り、世界に対して「交わり応じる」活動をしているものです(だからフクロウの「呼び鈴」の代わりに使われることも起こるのです)。それを「性的」と呼べば常に「性的」でもあるのです。だから「プー」が、イーヨーに「しっぽ」がないのに気が付き、それを探してあげなくちゃと反応するのは、当然のことでした。イーヨーとプーの対比の物語は、そういう意味では興味深い問題を提起しているように見えています。

(5) プーとコブタが「ゾゾ」をつかまえに　―ことばと実体の不一致

五話。クリストファー・ロビンが「ゾゾ」を見たという話をプーとコブタにすると、二人ともぼくらも「見た」というような返事をするところからはじまります。当然二人は、「ゾゾ」なんか見たことがなく、勝手に想像するしかできないのに、二人で「ゾゾ」をつかまえようと相談することになります。いろいろ思案して決まったことは、コブタが地面に穴を掘り、そこにプーが「ハチミツ」を置き、「ゾゾ」の気を引いて、穴に落とすというアイディアでした。プーは家に帰り、ハチミツの入った壺を持って出るわけですが、途中で舐めずにはいられなくなり、壺の中の大半を舐めて、コブタの掘った穴に持って行きます。それでも、夜中に、少し食べ残していたハチミツが気になり、出かけていって、「穴」の中で「壺」の底に残った蜜を舐めているうちに、「壺」から頭が抜けなくなります。朝になってコブタは、「穴」の中で騒いでいるものを見つけ、てっきり「ゾゾ」をつかまえたと思いクリストファー・ロビンを呼びに行って、よく見たらプーだったという話です。ある意味では、ウサギ穴（壺）から出られなくなったプーの話の別バージョンです。

あまりにも「おばか」にしかみえないような話ですが、ここで展開されているのは、「落とし穴」と「ハチミツの壺」が似ているというところです。あるいは似ているように二人が考えているところです。「壺状」になった「穴」の奥に蜜があれば、それをめがけてハチがやってくるように、ゾゾがやってくるのではないか、と。「季節体」として考えれば、ほとんど生きものはそういうふうにして、異性や食物を引き付けることをしているのですが、「知性」から見れば、「おばか」のすることにしか見えません。でも「穴」の中の「壺」、「壺」の中の「ハチミツ」、「壺」の中の「プー」、といった「壺の中の壺」の物語は、生きものが生きるためには欠かせない仕組みの物語でもあったのです。

（6）イーヨーがお誕生日に、お祝いをふたつもらう

六話。イーヨーの誕生日（イーヨー自身が今日は自分の誕生日といっていたので）に、誰も自分を祝ってくれる者はないと嘆いているのを、通りがかったプーが聞いて、たまらなくなり、コブタと二人で、何かプレゼントをしようと考える話です。結局、プーはハチミツの壺をあげることにし、コブタはお茶会の時にもらった風船をあげることにします。

でもプーの方は壺を抱えて持って行く途中で、中の蜜を全部舐めてしまいます。コブタの方は、膨らんだ風船を抱えて走っているうちに、ころんで風船を割ってしまいます。なので、結局は空になった壺と割れてしぼんだ風船の名残を持って、二人はイーヨーのところへやってきます。

笑うにも笑えない、こういう展開の話を読むと、「知性」は本当にあほらしいと思うでしょう。実際、イーヨーは二人のプレゼントを見て、あきれてしまうのですが、でも二人の話を聞きながら、なぜか嬉しくなっているところが描かれています。こんなふうにです。

コブタが、「ぼろぎれ」のようにしぼんでいる風船をイーヨーに渡すと、彼は「ありがとう」と礼を言いながら、「この風船の元の大きさはどれくらいだったのか」と聞くので「ちょうどぼくくらい」と答えると、それにはイーヨーは、ちょっとがっかりしてしまいます。でもイーヨーは、プーが中身の空っぽの壺を、物をしまえる「ちょうほうな壺」ですといって渡してくれたのを見て、「わしの風船は、このなかへはいるぞ」ととても喜んでいます。

でも、プーは言います。「そりゃ、だめだ、イーヨー」「風船はね、大きくって、つぼには、は

いらないんです」。するとイーヨーは得意げに「わしのは、ちがうぞ」と答え、しぼんだ風船（イーヨーの老いたおちんちん）を歯にはさんでつまみあげ、ていねいに壺の中に入れ、それから、それをつまんで出すと、またつまみあげて、ていねいにしまいました、と。

それを見たプーは、「なるほど」「はいる、はいる！」と言い、コブタも言います、「そして、出てくる！」と。そしてイーヨーは自慢げに二人に言います。「とても出たりはいったりするじゃろが」と。

しぼんで役に立たなくなった風船を、蜜のなくなった「壺」に出し入れできることに喜びを感じるイーヨー。プーは、「物をいれるちょうほうなつぼをあげることを思いつけて、ぼくはとてもうれしいです」と言い、コブタは、「ちょうほうなつぼへいれる物をあげることを思いつけて、ぼくはとてもうれしいです」と言う。けれども、イーヨーは、二人のいうことなんか、聞いてはいないで、「しあわせこの上もないというようすで、風船をだしたりいれたりしていました……」と

こういう場面に「老いの性」を見る人は、健全な感性をまだ持っている人ではないかと私なら思います。

（7）カンガとルー坊が森にやってきて

七話。森に「カンガとルー」がやってきて、ウサギが、この二人を森から追い出そうと計画す

る話です。でも読者には、なぜウサギがこんな愛すべき二人に、そんなひどいことをするようなことを思いついたのかわかりませんし、なにか政治的な排斥主義のようなものを批判するための比喩にしているのだろうかと思う人も出てきます。

話を飛ばして言ってしまうと、母親カンガはチビのルーが「大きく強くなるような薬」を飲ませたり、「飛び跳ねる」運動をさせたりしているのが、森のウサギには気に入らないのです。どうも、カンガは、ルーにはやく「おとな」にさせようとしている側面を感じているみたいなのです。

あえていえば、この「ルー」は、「目覚め始めた男の子の性」であり、親として気になる存在です。「飛びはね」の練習に余念の無いルーは、さらに「強く大きくなる」ことを期待されています。でも、いまはコブタみたいに「小さく」てまだ「弱虫」なのです。

しかし、百エーカーの森では、こういう監視をしてまで「性を強く大きくする親子」のような存在は、あまりいて欲しくないのです。

（8）クリストファー・ロビンが北極へいく

八話。クリストファー・ロビンは「北極」の探検をする話です。寄りにもよって、なぜ「北極」なのかと読者は思います。もっと宝もののありそうな面白いところの探検であっても良さそうなのにと。

でも、ロビンは森のみんなに声をかけて、「北極（ノース・ポール）」へ出発することになりました。けれども誰も「北極（ノース・ポール）」とはどういうものが、知りませんから、みんなはそれぞれに勝手に「北極（ノース・ポール）」を想像するしかありません。そんな時に、ルーが、川に落ちて流されてゆきます。みんなが慌てふためいている時に、棒を拾って持っていたプーが、その棒の端を川の向こうのカンガに渡して、流れてくるルーを、その棒の端につかまらせて助けることになります。

その光景を見ていたロビンは、ふと気が付きました。プーがルーを助けるために使っていた棒（ポール）が「北極（ノース・ポール）」だったのだということについて。そしてロビンは、プーを「北極（ノース・ポール）」の発見者として讃えました。

この物語は、お祭しのように、ロビンが「性（ポール）」を探しに行く話になっているのですが、まだ子どものロビンには「性（ポール）」がどういうものなのかわかっていないのです。なので、プーの見つけた「棒（ポール）」を、それだと言うことにして、探検を終わらせることにしているお話になっています。

（9）コブタが、洪水にあう

九話。大洪水の話です。百エーカーの森に大雨が降り、森中が水没しかねないほどに水であふれます。百エーカーの森に大洪水が起こるなんて、誰が想像することができるでしょうか。物語では、コブタの住む木にも洪水が迫ってきて、小ビンに「助けて」の紙を入れて流します。それをプーが見つけ、クリストファー・ロビンのところへ届けるために、ハチミツの壺を舟のかわりにして漕いでいきます。でも、ロビンの家から、今度はコブタの家まで洪水の中をどうやってゆけばいいのかわからなかったのですが、プーが傘を逆さに舟のようにして乗ってゆけばというアイディアを出し、ロビンと二人で傘の舟に乗って助けに行くことができたという話になっています。

傘は、すでに一話で出てきました。上からの雨から身を守るために。九話では、その傘を逆さにして、下の水から身を守るために。そんな展開の話の中で、読者が気が付くのは「ビン」や「壺」や「傘」が活躍するストーリーです。「傘」も、ある意味では「壺」の類似品でした。生きものは、その誕生の時点から、「舟」のような、「カプセル＝壺」のような容器でもって、雨＝洪水から身を守り、それに助けられながら生きてきたものです。九話の物語も、生命の生まれた海を、ノアの方舟のような壺の助けを借りて生き残るあり方を描いているようにも思えます。そのことを踏まえると、なぜこのような物語に「大洪水」が？という疑問にも、いくらかは答えることができるかもしれません。生命の物語にとって、むしろ「水＝雨＝洪水＝海」に出会うことから「壺」が生まれてきていたのではなかったかということがあるからです。

（10）プーの慰労会

一〇話。プーの活躍に対して、クリストファー・ロビンが開いたお茶の会の話。そこでロビンは、プーに特性のえんぴつケースをプレゼントします。「ありがとう」とプーはお礼を言いました。でも字を読むことも書くこともできないプーに、えんぴつや定規や消しゴムのはいった豪華なセットをあげて、どういうつもりなんだと、きっとロビンを非難したくなる人もいたと思います。私ももちろんその一人です。

この「知性」の塊のような「えんぴつケース」を、「知性」の対極に居るプーにプレゼントするという作者の意地悪に、読者はいやーな顔をするかどうか、作者はどうも見てみたかったみたいです。

3 プー「コーナー」について

(1)「コーナー」とは何か

物語は、二冊目に入り、さらに興味深い話が続きますが、私の解読はひとまず終わります。ただ、二冊目を読むに当たって大事なことを一つ、言い添えておきます。それは二冊目の物語のタイトルについてです。原題は「THE HOUSE AT POOH CORNER」となっていて、直訳すると「プーコーナーに立った家」ということになります。でも「コーナー」の意味がわかりにくいので、訳者、石井桃子さんは、子どもにもわかるように『プー横丁にたった家』と訳されました。

苦心の訳ですが、ご自分では納得されていませんでした。直感的によくないと思われていたからだと思います。でも本文の手直しは何度もされてきていたのに、このタイトルだけは最後まで修正されませんでした。これ以上わかりやすいタイトルにするのはむずかしかったからでしょう。「コーナー」は、ボクシングのリングでは「赤コーナー○○、青コーナー●●」と紹介されるので、「隅っこ」とか「角にある場所」とかいう意味が強く、石井さんも、そういう意味を汲んで「隅っこ=横丁」というふうに思案されたのだろうと思います。しかし、この言葉にはもう一つなじみのイメージがあって、競馬などの楕円形の競技場の中継では、「第三コーナーを回りました」などというふうに「コーナー」を使っています。物語を振り返ると、この「コーナー」は「隅っこ」や「角の場所」という特定の場所よりか、この「曲がり」とか「曲線」の意味で使われているのがわかります。なので本当を言えば、二冊目のタイトルは『プー曲線にたった家』『プーの曲がり道にたった家』のようなものになるべきでした。ただ子どもの読者にもわかるようにとなると、石井さんのように誰でも悩むのではないでしょうか。

そういうタイトルの翻訳のむずかしさを理解するために、この二冊目の一話「プーコーナーにイーヨーの家がたつお話」だけには触れておきましょう。物語は、雪の降る日、プーとコブタは、誰にでも「家」があるのにイーヨーには「家」がないんだという話をし、それなら二人でイーヨーの「家」を立ててあげようということになります。立てる場所は、強い風の吹かないこの松林のわきにしようということになり、その場所を「プーコーナー」と呼ぶことにします。

家の材料は、コブタが松林のむこうがわに見つけたたくさんな棒にして、それをこちらに持ってきて作ります。そんな雪の降る日、クリストファー・ロビンは、雪の中にいるイーヨーを見つけて、どうしたんだと聞くと、家がなくなっているというのです。それで探しに行くと、別なところに、イーヨーの家が立っていて、それはプーとコブタが、元の家を移動させたものであることがわかったという話です。

かってにイーヨーの家を移動させて、イーヨーのために新しい家を立ててあげたなどと思っている二人の話。勘違いの、おせっかいの、人騒がせの、迷惑しごくな「ご親切」、これこそが「おばかさん」のすることの見本のような話、と誰もが思うのではないでしょうか。「知性」が少しでもあれば、そんな愚かなことはしないだろうと。

結局、この話で展開されているのは、「わ」をたどるようなプーとコブタの行動です。それは一冊目の『クマのプーさん』の中の雪の日に、モモンガの足跡をたどるような、ぐるぐる回る循環の話です。何か新しいことをするわけではなく、同じようなことを繰り返ししているだけに過ぎないような話。「知性」からすれば、本当に読むに耐えないような展開の物語……。

そんなイーヨーの、「移し替え」だけに見える場所を作者は、「プーコーナー」と呼ばせていたのです。そうした展開を踏まえて、「コーナー」のことを考えてみると、「プーコーナー」とは、「曲がり道／曲線／循環」のようにして成り立っている場所のことで、それは「知性」にとっては、「堂々めぐり」をする、進歩や発展の見られない、時には停滞や後退や退廃のような場所に見えるものにつけられた呼び名ではないかということです。しかし、たとえば、「曲がり」ながら循環する「血管」を考えてみただけでも、私たちの身体はまさに「血管コーナーの上に立った家」のように見えてくるのではないでしょうか。

（2）クリストファー・ロビンとプーの別れの場面について

いよいよ物語の最後の場面がやってきます。クリストファー・ロビンが、「百エーカーの森」（石井桃子さんの訳では「百町森」）から出て「学校」というところへ行くらしい、といううわさがみんなに伝わってきます。森のみんなは、クリストファー・ロビンとのお別れ会がつらくて、一人二人とその場から去って行き、しまいにプーしかいなくなります。

そして有名になった二人の会話がはじまります。

クリストファー・ロビンが、「プー、きみね、世界じゅうでいちばん、どんなことをするのがすき?」と聞くと、プーは、ぼくが、いちばんすきなのは、ぼくとコブタで、あなたに会いにいって、あなたが「なにか食べない?」っていってくれて、外は歌がうたいたくなるようなお天気で、鳥がないてるっていうのが、いちばんすき、と答えています。「存在給付」そのものを生きる「季節体」としてのプーらしい望みです。

「ぼくも、そういうのはすきだ」とロビンは答え、「だけど、ぼくがいちばんしてたいのは、なにもしないでいることさ」と言います。そして、「ぼく、もうなにもしないでなんか、いられなくなっちゃったんだ」と。「もうちっとも？」「うん、少しはできるけど。もうそんなことしてちゃいけないいんだって」と。

（3）「なにもしないことをする」ということ

「百エーカーの森」は、「知性」とは対極にある「季節体」を大事にする世界でした。でも、この森のなかでも、「学校」のようなものにあこがれているものもいます。フクロウやイーヨー、ウサギたちは、ちょっと「物知り」で、「知性」であることを自慢しているところも見られます。でもこの「森」では、そういう「物知り」に、ほんの少しの価値を認めた上で、「物知り」でないものを蔑むようなことはなされません。なにが「有用」で、なにが「無用」で、というような見方はなされません。というのも、「なにもしないことをする」というのは、すでに身体が「循環体」「季節体」として生きていることであり、そのこと自体において、「知性」の及ばないことをしていることを物語は訴えていたからです。でもそれは「知性」から見たら「ないもしていない」ことにしか見えないのです。

（4）最初に掲げられた「百エーカーの森」の「地図」について

物語の最初につけられた地図は、出来事の起こるおおよその場所をスケッチしているもので、物語を読みはじめた人には便利な地図に見えます。でも熱心な読者には、なにやら正確さに欠けるラフなスケッチにしか見えないかと思われます。この地図が、どれだけ作者ミルンと、挿絵画家シェパードとの打ち合わせの元に書かれたのかはわかりませんが、私の読み方からすれば、とても興味深い地図になっているのがわかります。

この地図には上から下にかけて川が描かれています。Yの字のように上からはじまり、中央を貫き、下へ流れています。さらに、下には左右の方から川が合流するかのように下へ向けて流れてきています。まるで、からだの解剖図のように、です。

ロビンの家は右端の真ん中より少し上にあり、プーとコブタの家は、左端の真ん中と下の方にあります。対称的な位置関係です。バウムテスト（木を画くテスト）では、画面の右上はその人の「未来や希望」を表し、左下は「過去」を表していると言われるように、ロビンの未来には大きい岩（困難の象徴）が描かれ、「ノース・ポールへいたる」と書かれています。画面の右上は「知性」の向かう方向なのです。

一方の、左下の方向は「過去」と呼ばれるものを象徴している方向ですが、その「過去」は、個人の過去というより、季節体としての生命のたどってきた「過去」を担っている方向だと言えます。その左の一番下には「おおみずのでるところ」と書いてあります。「生命史」の源（海）がそういうふうに書かれているとすれば、納得がいくというものです。

地図の中では「知性」を目指すような「ウサギ」や「フクロ」などの家は、ロビンの家の近くに描かれています。問題のイーヨーは、右下の湿った土地にいて、「じめじめしてさびしい」と書かれています。画面の全体を「からだ」とすれば、イーヨーの居る場所は下腹部の湿った「陰部」に当たるところと言えるでしょうか。彼の「老いた性」は「湿っ地」にあるのです。

問題は、こういう「地図」を、「知性」として見れば、上部や右上が、進歩や進化の方向になり、上から下へは、優秀から下等へ、脳から肛門の方へ、排泄される方向にしか見えません。でも全体を「季節体」として見れば、その地図の裏側には、ぐるぐると循環するさまざまな臓器の助け合う姿が透けて見えてくるようになっています。

話を「地図」から「物語」に移してみれば、イーヨーの引っ越しの家の話は、古くなったもの（古木）を隅々まで使い回して生きる生命体の「知恵」のようなものを感じ取ってもいいかもしれません。事実、生きものの中には、排泄物を再利用して生きている者など、ざらにいますから。「プーコーナー」というのは、そういう生命体（季節体）の持つ、循環（曲がり道）を指していて、すべての生命体は、この「プーコーナー／循環の道／循環する曲線」の上に立てられた家なのだと言いたげです。

五　ラチョフ絵『てぶくろ』の世界から――ウクライナ民話の深層へ

まえがき

「暦」なしには私たちは生きてゆくことはできないのですが、その「暦」をわかりやすく意識する工夫が太古から続けられてきています。今の私たちならさしずめ「カレンダー」というところです。こういうものが、どのようにして生まれて来たのか、とても不思議ですが、ひとつわかっていることは、これが「暦」を「絵」のようにわかりやすく見せてくれるものになっているというところです。「暦」を「絵」として、つまり見てわかるものにする工夫は、ラスコーの壁画や、ギリシア神話の星座の絵、中国十二支(じゅうにし)などからはじまり、のちに「絵本」と呼ばれるものになってゆきました。「絵本」が「暦」?と思われるかと思いますが、ここでは「暦(わの時間)」が「絵本(わの絵)」になっているところを、『てぶくろ』という絵本を手がかりにして考えてみたいと思います。

1　ラチョフ絵『てぶくろ』の世界

（1）ラチョフ絵『てぶくろ』

ウクライナ民話ラチョフ絵『てぶくろ』（うちだりさこ訳、福音館書店、一九六五年）は、不思議な絵本です。この絵本の魅力について解き明かすことができれば、他のたくさんな絵本の魅力も連動して見えてくるのではないか。

『てぶくろ』エウゲーニ・M・ラチョフえ、うちだりさこやく、福音館書店

絵本『てぶくろ』の展開は、次のようになっています。雪の野に、おじいさんが片方の「てぶくろ」を落としました。それを見つけたねずみが、「てぶくろ」を「家」に見立てて住みつき、そこにかえるが「入れて」とやってきます。その後、うさぎ、きつね、おおかみ、いのしし、が次々にやってきて、もう無理ですよと言われながら、それでも順番に「中」に入れてもらいます。

最後に、さらにくまがやってきて、「とんでもない、まんいんです」と言われながらも強引に入れてもらうことになり、ぱんぱんに膨れあがったてぶくろ。でも、みんなは並んで仲良くてぶくろの入口から顔を出しています。そうこうしているうちに、落としたてぶくろを探しにおじいさんがやってきたので、みんなはまたてぶくろから逃げ出して、いなくなってしまいました。

要約すれば、そういう絵本です。もちろんこの「要約」自体に問題があるのですが、それはあとで考えるとして、誰もがそういうふうに要約すると思われる話の展開が、なぜか心にしっかりと残る絵本です。展開というのは二つあります。絵と物語と。まず心に残るは挿絵です。挿絵の動物は、どれもリアルに、かつ恐ろしげに描かれています。この「恐ろしげな目つきの動物たち」が描かれなければ、その後「てぶくろ」に入ってゆくときのゾクゾク感は生じません。そして、もうひとつの話の展開。おちびさんの生きものから、恐ろしげな巨大な生きものまでが、暖かな皮製のてぶくろの中に、なぜか次々に入り込んで、仲良く並んで顔を出しています。普通に考えても、入れるわけがない「てぶくろ」に、なぜか次々に入ってゆく手品のような不思議さ。そして、なぜ、なぜ、と思っているうちに、またみんながいなくなってしまう。

読者は、ついつい、おじいさんが、いぬをつれてもどってきたのだから、しかたがないだろうと思ってしまいます。そうして絵本は終わります。納得するように終わるにもかかわらず、でも納得のできない奇妙な読後感が残ります。

この絵本は世界中の人に読まれ、多くの読者の注意を引いてきました。でも、この絵本を「奇妙だ」と思わなければ、心には留まらなかっただろうと思います。だから、いろんな人がその理由を論じてきました。そして私も、この絵本には多くの人が論じる必要のある「秘密」があったのだと思います。

（2）日本の出版者、松居直の理解

日本で最初にこの絵本を出版者した松居直は、この絵本のロシア語の原書を古本屋で見つけ、ロシア語がわからないのに、大変引き付けられ、福音館から内田莉莎子訳で出版する間に至った経過を『絵本をみる眼』（日本エディタースクール出版部、一九七八年）に書いています。編集者の直観は大当たりし、一九六五年初版から、一九九六年で第一〇〇刷となっています。

松居の評価は、昔話に挿絵が付くと、物語のリアリティーが失われることがあるのに、珍しくこの絵本『てぶくろ』は、物語と挿絵に違和感がなく、よく融け合い、一体化していて、「ラチョフのさし絵なくして『てぶくろ』という物語は考えられないほどの見事な出来映え」になっている、その秘密は何なのだろうか。と問うていました。

松居直が考えた「理由」は、次のようなものです。最初は「てぶくろ」でしかなかったものに、途中から煙突や窓やベランダや床下が少しずつ書き加えられ、まるで「家」のように見られる工夫を挿絵画家、ラチョフがしている。ここに絵描きの「魔術」があって、読者は知らず知らずに「てぶくろ」ではなく「てぶくろの形をした家」に入ってゆくようにイメージを広げるので、不自然さを感じさせられずにすんでいたのではないかと。もう一つ、動物が仲良く家に入ってゆくのが「ウソ」のようにならないのは、民話に冬とか雪とか寒いとかいう説明はないにもかかわらず、画家のラチョフが、状況を「大雪の降る冬」に設定して絵を描いたから、この大雪の中でなら動物たちが順番にてぶくろに入り、仲良く寒さをしのぐことになるのも「わかる」と感じたのではないか。編集者らしい理解の仕方です。

しかし、そのように理解してもたくさんな疑問が残ります。そもそも、なぜそんな「てぶくろ」のような小さなものに、大きな動物たちが入らなくてはならないのか、理由がわからないからです。松居は、状況を「冬の大雪」に設定したので、寄り添って寒さを防ぐ動物の様子が自然に感じられたのだろうと考えたのですが、しかし少し冷静になってみれば、こんな大雪の山の中で、どうしておじいさんはてぶくろを片方だけ落としたりしたのだろうかと思います。こんな大雪の寒い日に、片方のてぶくろを失うことなどあり得ないし、仮に落としても、寒くてすぐに気が付くはずだからです。でも、その片方を雪の上に落とさないと、この絵本ははじまらないのです。シンデレラの落とした片方の靴のように。そういうところは、松居の理解では説明が付かないのです。だから彼は正直に「発端と結末だけはわからないが」と書いていました。そうなのです。彼の説明は、この絵本の「途中」の説明にしかならないのです。

(3)「民族融和」なのか、「行って帰る話」なのか

松居直の見解と違って、作品『てぶくろ』の置かれた社会情勢から、この作品の持つ意味を考えようとする考察がその後ロシアの研究者、田中友子から出てきました[注1]。彼女は、この絵本の元の話が、大人向けのウクライナの口承文学であったことを指摘し、一九四〇年代末にそれがロシア語に翻訳され、多くの人に知られることになり、さらにその話を子ども向けの絵本にすることで、より多くの読者が世界中に広がった経緯を説明していました。一九四〇年代と言えば、ロシアは「ソビエト社会主義共和国連邦」（一九二二－一九九一年）の一党独裁制国家として統治され、ウクライナもその中に組み込まれていました。ウクライナは、ソビエトの崩壊と共に一九九一年に悲願の独立を果たした国家です。

そんなソビエトの時代に、ロシア語になった『てぶくろ』で、ウクライナの民族衣装を着た動物を描くと、ロシアにとっては「民族融和の寓話」のように見えて喜ばれたでしょうが、ウクライナの人々にとっては、ロシアに強制的に組み込まれている自分たちの民族の自立が、軽視されているかのように見えたかもしれません。そもそも「ウクライナ」は、全人口の八割は「ウクライナ人」なのですが、ロシア人、クリミア・タタール人、モルドヴァ人、ブルガリア人、ハンガリー人、ルーマニア人、ユダヤ人等々が住む多民族国家です。にもかかわらず、少数のロシア人に実権を握られて「国のないウクライナ」と呼ばれていた民族でした。（黒川祐次『物語　ウクライナの歴史』中公新書、二〇〇二年）。

そんな中でラチョフが動物にウクライナの民族衣装を着せたことが「問題」視されたのです。

ラチョフはのちにもう一つ画風の違う『てぶくろ』を一九七八年に描いたのですが、こちらは評判にはなりませんでした。というのも、動物の顔や容姿、てぶくろの造形が、イラストふうにデフォルメされて描かれていたからです。田中によると、二つ目の『てぶくろ』一九七八年版が作られたのは、一九五六年からスターリン批判がはじまり、一九六〇年代に「雪解け」のような少し自由な時代の雰囲気が生まれ、それによってラチョフもヨーロッパの自由陣営に読まれるような配慮をしていたのかもしれないと推測していました。

この田中友子の考察の一年後に、棚橋美代子の考察[注2]が発表されています。棚橋が田中の論考を読んでいたのかはわかりませんが、ここでも画風の違う二つの『てぶくろ』を比較考察していました。特に棚橋が注目していたのは、松居直が指摘していたような「てぶくろ」から「てぶくろの家」に画風が変わるところで、最後にはまた元の「てぶくろ」に戻る展開を、「てぶくろ」―「てぶくろの家」―「てぶくろ」という構造と読み替え、それは現実から非現実に行って、また現実に戻る「現実」―「非現実」―「現実」の構造にもなっているとして、構造主義的な理解を示していました。そういう構造は、センダック『かいじゅうたちのいるところ』やエッツ『もりのなか』にも見られるもので、それは「非現実」の世界へ「行って帰る物語」として読み解けるものだと棚橋は指摘していました。そういうふうに読めば、あえてウクライナの民話だとか言わなくても、子どもたちの面白がる理由を「説明」できるからです。『ピーターパン』や『不思議の国のアリス』もそうだということになってゆきます。

しかし「非現実」の世界で遊んで帰ってくる物語という理解で、本当にこの『てぶくろ』の不思議さは説明できるだろうかと思います。なぜ人はそんな「非現実」の世界に行って帰ってくるようなことをするのか、その理解ではわからないからです。そもそも、この「非現実」と解釈される世界が、本当に「現実」ではないのかどうか、それも問題にしなければならないはずだからです。

(4)「てぶくろ」——手・袋・手袋・胃袋・女性性器・子宮

では、今まで紹介した絵本『てぶくろ』の「理解」で、まだ指摘されないところはどこかということです。

まず、ラチョフの絵本の表紙から見てみると、そこには革のてぶくろからうれしそうに顔を出しているねずみ、かえる、うさぎの三匹が見えます。暖かそうな革のてぶくろの縁にはフサフサした毛が描かれています。何らかの動物の毛と皮でできている丈夫そうなてぶくろです。

絵本では、この「てぶくろ」は「家」に見立てられてゆくのですが、この「家」が、ただの「家」のように見なすだけでは無理が出てくるので、この「てぶくろ」は、「家」でもありつつ、「多民族国家」の寓話とも「解釈」されてきました。しかし、「多民族国家」の寓話と見なすにしても、不自然さが残ります。ロシアという国家にしろ、ウクライナという国家にしろ、多民族を抱えている以上は、「民族融和」の寓意とするには、この絵本は理想化されすぎているようにも見えますし、何よりもこの話は、ロシアやウクライナやソビエトなどと区分されるはるか以前のウクライナ地方で生まれていて、「国家」などとは縁の無いところで生まれていたかもしれないからです。そこで大事になるのが、こういう物語を作ってきた民間伝承の作り手のことです。こういう話の作り手たちは、「国家」や「連邦」などといったものとは違ったところに力点を置いて、この物語を作っていたかもしれない可能性を考えなくてはならないのです。

そういう意味で考えると、最初の表紙に描かれる雪の上のてぶくろは、もう一度見直すなおす必要が出てくるだろうと思われます。表紙の絵には、確かに、入口にふさふさの毛の付いた本当に暖かそうな革のてぶくろが描かれているからです。しかしこれがもし「皮」のてぶくろであったとしたら、この中に入ってくる動物のどれかの「皮」や「毛」を使ってできているかもしれません。てぶくろと動物は一体なのです。キツネの皮なのか、狼の皮なのか……。そういう自分たちの仲間の皮でできているてぶくろに彼らは順番に入ってゆくのです。そしてその大きく膨らんでゆくてぶくろは、まるで膨らんだ「胃袋」のようにも見えてきます。それだけではなく、毛のフサフサしたてぶくろの入口は、見方によっては、髭の生えたおじさんの「大口」のようにも見えます。またもっと見方を変えれば、このフサフサした毛に囲まれた入口は、エロティックな「女性の性器」のようにも見えないこともありません。

そういう意味では、「てぶくろ」全体は、「ふくろ」と呼ばれる「袋状／壺」のような形状をしているもので、「口」や「胃袋」や「性器」や「子宮」のようにも見えるのです。そんな口や胃袋や性器や子宮に、無理矢理多くの動物が入り込むというふうな構図で見れば、決してこの絵本が、「仲良し」や「民族融和」の象徴と見なしてすますわけにはゆかないのです。もしこの「入口」を、生きもの全体の「口」を象徴しているとしたら、そのなかにどんどんと「動物」が入ってゆくことは可能ですし、もし、この「入口」が「女性器」や「子宮」を象徴しているとすれば、そこから多くの「動物」が出てくることを想像することも可能です。そもそも「生きもの」の「口」と「性器」は、別々に存在しているように見えて、常に連動し、裏表のセットとして存在していたからです。何のために「口」があるのかというと「餌」を取るためであり、何のために「餌」を取るのかというと、子孫を「産む」ためであり、その産むために「性器」があることは自明なことだからです。「口」と「性器」は、深く「わ」になっているからです。

だから、この絵本『てぶくろ』に描かれた、「皮の袋」に入り込む「皮をまとった動物たち」という構図は、入り込むだけではなく、そこから出て行く「出産」や「生殖」の構図としても読み取れるところは見ておかなくてはなりません。問題は、そういう「出産・生殖の構図」のように見える妙な絵柄を、どう理解すればよいのか、ということです。

このことを考えるためには、最後に、犬がやってきて、てぶくろの中の動物はみんな逃げ出すというシーンをきちんと考えることが必要です。というのも、次のように問うことができるからです。つまり、最後に走ってきました犬は、なぜ、てぶくろのなかに一緒に入れてもらおうとしなかったのかと。

そのことを考えると、犬は現実の犬で、てぶくろの入る獣たちは、架空の動物たちだ、ということを考えなくてはならなくなります。というのも、この犬がやってきて見つけるてぶくろは「現実」の「てぶくろ」だとし、「てぶくろ」に、動物たちが順番に入る話は、「空想」の話だということにすると、この絵本のてぶくろに入る動物たちは恐ろしくリアルに描かれすぎているからです。「空想」にしてはあまりにもリアルに描かれた動物たちが、民族衣装を着て二本足で歩いているのです。疑問は山ほどわき起こって、解決の糸口を見つけることができるのかということにもなってきます。

こうしてみると「大きなてぶくろ」の中に、動物たちが次々と入ることが、「空想」や「融和」と見なすだけではなく、もっと現実的な要素があるのではないかと考える必要性に迫られてきます。そのことを考えるためには、この絵本ラチョフ絵『てぶくろ』の「作者」が、個人（「小さな作者」）ではなく、長い歴史（「大きな作者」）から生まれてきているところをもっと見つめる必要がでてくるのです。注3

（5）民話としての「てぶくろ」と類似した話

ラチョフ絵『てぶくろ』の挿絵が優れていることは、多くの批評家の指摘してきたことですが、同時にこの絵本の物語が「民話」であったことの方は、あまりというか、ほとんど問題にはされてきませんでした。というのも、作品は「絵」としてみられたら「絵本」という分野で考察されるのが常で、「民話」として見られたら、言葉が中心の「民間伝承」や「口承文芸」の分野で考察されてしまって、「絵」と「話」の関係が問題にはされにくくなっていたからです。しかしこのウクライナ民話「てぶくろ」には、似た話があって、そこのところを理解しないとラチョフ絵『てぶくろ』の本当の魅力はうまく理解できてゆかないのです。

まず類似の民話を紹介してみます。

①『つぼのおうち』注4
②『動物たちの冬ごもり』注5
③『袋から二人出よ』注6
④『ふしぎな袋』注7
⑤『テーブルかけとヒツジとずだぶくろ』注8

『つぼのおうち』は、お百姓の引く荷車から落ちた壺に、ハエ、カ、ネズミ、カエル、ウサギ、キツネ、イヌ、オオカミが順番に入れてと言いながら仲良く入ってゆく話です。でも最後にやってきたクマが「おれさまはいじわるたいしょうだ」といって壺の上にドシンと腰を下ろして、壺をつぶしてしまい、みんなを追い払ってしまうという展開になっています。『てぶくろ』とほとんどそっくりの展開ですが、入るものが硬い壺なので、柔らかな手袋に入って、それがぱんぱんに膨らんでゆく臨場感は味わえないし、『つぼのおうち』のクマは、『てぶくろ』での猟師や犬の役割を果たしていて、こちらはクマだけが悪者になっています。

『動物たちの冬ごもり』は、冷たい冬がくる前に、暖かい夏を探しに旅をする牛、羊、豚、鵞鳥、鶏たちの話です。途中で、牛がみんなに寒さを防げる「家」を作ろうと提案するのですが、みんなは理屈を言って手伝いません。それで牛一人で家を作りますが、冬が来て寒くなると、動物たちは「家」に入れてと順番にやってきます。牛はしかたなく、みんなを入れてあげるのですが、そこに狐と狼と熊がやってきて、中の動物を食べる相談をします。そして狐から「家」に入ってゆくのですが、中にいる者たちが力を合わせて、順番にやっつけるという展開の話です。

『袋から二人出よ』『ふしぎな袋』『テーブルかけとヒツジとずだぶくろ』は同じような話で、網に掛かったツルを助けた貧しいおじいさんが、御礼に不思議な「袋」をもらう話です。その「袋」に声をかけると中から二人の若者が出てきて、テーブルの上にご馳走を作って並べてくれるのです。でも、家に持って帰る道中に、ダマされて「袋」を取られてしまいますが、また鶴のおかげで悪い奴らに一泡吹かせて取り戻す話です。

こういう話は「てぶくろ」ではなく「袋」が舞台で、話はその中に入るのではなく、そこからご馳走が出てくるという話です。

こうした「民話」を総合的に見てみると、てぶくろは、てぶくろでなくても、袋や壺のようなものであってもよいことがわかります、その中に、ハエのような小さなものから、クマのような巨大なものまでが入ろうとする話であり、その袋や壺も、中に入れる家のようなものとして見られるだけではなく、そこから、大事なものが取り出されるものとしてイメージされていたことがわかります。この二つのイメージは、長い歴史の中できっと民衆（「大きな作者」）が求めてきましたものではなかったかと私は思います。事実、こういう壺や袋にまつわる物語は世界中に広がっています。実際の古代の中国の青銅の壺にも、たくさんの動物が描かれていましたし、日本の縄文土器にも、カエルやへびなどの生きものが描かれつつ、その壺の中からは神聖な食べ物を取り出す器として見立てられていたこともわかっています。

動物たちが入って大事にされる器でありつつも、そこから大事なものが取り出せる器であるようなもの、それは古代から長い歴史を通して人々が希求し、継承してきたものであり、それが何かを知ることが求められています。その「大きな作者」によって継承され、物語化され、絵画化されてきたものを、個人的な「小さな作者」の主観による空想や想像の話にしたり、行って帰ってくるような話に見立てるだけではいけないはずなのです。

2 「暦」と「絵描き」

（1）ラスコーの洞窟壁画――「洞窟」と「てぶくろ」の近似

絵本や絵本作家のことを調べる人は、自然となぜ人は絵を描いてきたのか、絵とは何かという問いにも向かい合わざるを得なります。その時にぶつかるのが「ラスコーの壁画」[注9]です。もちろん、「アルタミラの壁画」[注10]でも「ショーベの壁画」[注11]でもいいのですが、誰でも、何万年も前にどうしてそんな「絵」を洞窟に残す必要があったのだろうと気にならざるを得なくなるからです。

文献を読めば、壁画の作られた理由がそう簡単には「わからない」ものになっていることがわかります。だから、ここでわかったようなことをいうこともできないのですが、遠方から眺めてみれば、「洞窟」は「てぶくろ」のようなもので、その中に、「ウマ」や「シカ」や「ライオン」や「マンモス」が、入り込んでいるというか、描かれているのが見えてくるのも確かです。何かしら「洞窟」と「てぶくろ」は似ているように見えるのです。

洞窟画を見た人々は、その描かれる動物のリアリティの高さにも驚かされてきました。そしてさらに、なぜ描きにくい天井などに描いたものが多いのかという疑問にも悩まされてきました。動物を描きたいだけならもっと描きやすいところに描けばよかったはずなのに、まるで、星座に動物を見るように、天井に動物を描いていると考える学者も出てきていました[注12]。「星座」のように描くことで、「何らかの暦」の意識を強化させていたのではないかということはわかるとしても、それはゆきすぎた解釈だと批判されるのもわかる気がします。だからといって古代オリエント時代から、なぜ人々は、夜空の星座に動物を思い描いてきたのかという疑問に答えが出されてきているわけではないことも事実です[注13]。

だから、ここではすこし想像力をたくましくして、こうした「洞窟」や「天井」に描かれたたくさんな動物の絵と、「てぶくろ」に入り込むたくさんの動物の物語を考えてきた人々の「意識」に、何かしら共通したものがあるのではないか、ということについてここで考えてみたいと思います。

おそらく先史の人々にとって、洞窟の奥や洞窟の天井に絵を描くというのは、洞窟という暗闇に、明かりでスクリーンのように「囲い」や「枠取り」したものが作れたからです。考えられることは、そういう「囲い」や「枠取り」の中に動物を描くことで、動物を閉じ込めることができるような意識を作ろうとしていたのではないか、ということです。なぜそのような意識を持とうとしたのか、そこを考えてみる必要がありそうです。

（2） 洞窟と壁画と囲みと暦

壁画に描かれている馬や牛といった動物は、一見するとヨーロッパのどこにでもいるような存在に見えるかもしれませんが、実はそうではなく、そういう動物たちは、常に移動しながら人間の前に現れては、またどこかに消えてゆく存在だったのです。その移動の理由は、「季節」の変化による食物の推移によるものです。動物は「季節」を読んで移動していたのです。だから人間も、この「季節」の周期を読み取り、「季節」の周期の中に現れる動物の動きを常に把握していなければなりませんでした。その周期としての「季節」の意識こそ「暦の意識」の発生でもありました。

もちろん「季節」そのものは植物も動物も感じていたものです。しかし人類は先史の時代に、この周期として感じる「季節」の意識を、何らかの「枠組み」に閉じ込め、いつでも予期できるような、「先読みの意識」を作ってきました。それが「暦」の意識です。その「暦」の意識は、ただ動植物が感じる季節の感覚ではなく、体の外に外化され、目に見えるように図形化され、それを見ることによって恒常的に予期できるようになった意識です。そういう意識を人々は「暦」と呼んできました。おそらく、ラスコーなどの洞窟壁画は、そういう「暦」の意識をつくり出す長い模索の跡だったのではないかと思えるところがあるのです。

「先読み」したいのは、季節に沿って移動する動物の動きです。その動きが季節とともにあるとしたら、まさに動物は季節体として意識され、季節は暦として意識されることになり、そこに動物＝季節体＝暦の意識が形成されていったはずです。

そのことを考えると、壁画に動物の絵を描くというのは、単に芸術としての絵を描いたものではなく、「暦の意識」や「季節」「四季」そのものを視覚化するための試行錯誤として考えることができるものです。問題は、先史の人類が、「囲み」や「枠取り」のなかに、周期するもの、反復するものを「配置」することで、それらを「閉じ込め」「飼い慣らす」ことをしていったというところです。その結果、「囲み」や「枠取り」されたものに配置された動物を見ることで、まだ見ぬ未来の時間空間を予見し、予測する「暦＝先取りの意識」をつかむことができていったのではないかと。

そういう視点で「ラスコーの壁画」を見ると、その作画の作業そのものが、まず「洞窟」という「囲み」「枠」を選ぶことからはじまり、さらにその洞窟の暗闇の中に「明かり」をともしてできる「囲み」「枠」を壁画に作りだし、そしてその「囲み」「枠」の中に、周期的にやってくる動物を閉じ込めていった道筋が見えてきます。こういう「囲い」や「枠組み」が工夫されることで、「囲い」や「枠組み」の中に未来の時間空間を予期できるようになっていったのではないかと。「ラスコーの壁画」は、そういう意味で、時間を閉じ込め、ミニチュア化し、飼い慣らすための工夫をしていった歴史の跡のようにも見えてきます。

時代が下ると、こうした「囲み」や「枠取り」の意識はさらに製錬され簡略化され、たとえば中国の円形化される干支の暦のようにもなってゆきます。そして暦の意識を作りだしてきた動物は、干支の中の十二支の動物（子丑寅卯辰巳……）として配置されてゆくことになっていったのではないかと[注14]。

「暦」とは、そういう意味において、周期として現れる歴史の先取り感覚であり、その周期には季節を越えた、生きものの生死（幼若壮老）の先読みの意識まで含むことになります。この先史の時代からすでに「埋葬」が行われてきたのも、「暦」の意識を「生死（幼若壮老）」の意識として持ち得ていたがためです。その結果、人々の暮らしが、生死（幼若壮老）の周期を持つ「人生」としてイメージされ、その全体が「先取り」され、「死」の意識が「埋葬」の意識を生んできたことがわかるようになってきたわけです。先史からはじまるこの「暦」の意識が、時間の地図化を手に入れだしたのです。

3 「舟」とは何か

(1) 「ノアの方舟」――古代の物語から現代の絵本作家へ

ここからは、人類の歴史が「暦」の意識の発明と共に加速化されてきたという考えを踏まえて、そうした意識が絵本に及ぼしてきた経過と、そこから、近代の個人が作る絵本の底に、「大きな作者＝暦の意識」がいかに継承されてきているかを見てみたいと思います。

「ラスコーの洞窟画」は、あまりにも先史の時代過ぎて、「絵」の起源を考えるには「昔すぎる」という懸念もあるでしょう。もっと現代に近い時代で、洞窟のようなところに動物が集められた話は残されていないものか。そうなると「ノアの方舟」が注目されることになります。確かに「ノアの方舟」なら、「大きなてぶくろ」のような方舟の囲いの中に、次々と動物が入り込んでくる物語を見ることができるからです。それはビジュアル的にも面白いので、これまでにたくさんの絵本にもされてきました。

しかしそれでも「ラスコーの壁画」と「ノアの方舟」を結びつけるのはさすがに無理があると思う人はおられると思います。どうやって比較をしたら、そんなものがつながるのかと。

そもそも「ノアの方舟」は『旧約聖書』に載せられてきたので有名になってきましたが、元々は世界中に広がっている「洪水伝説」の中の一つです[注15]。「洪水伝説」とは、雨期を迎えた川の氾濫に苦しめられていた人々の「季節の物語」です。そこに川がある限り、どんな小さな川でも、「雨期」が来たら水かさが増え氾濫したものです。だから世界各地で「洪水」の伝説は語り継がれてきました。

そして「ノアの方舟」の話も、チグリス川とユーフラテス川にまたがるメソポタミア文明で作られていったとされていますので、この二つの大河が雨期に氾濫し大洪水を起こしていた時には、人々の暮らしの被害も相当なものがあっただろうと思われます。その記憶がこの物語のベースにあります。だから川と共に生きざるを得ない人々にとって、「季節」の中で「雨期」を予測することはとても大事なことでした。エジプトのナイル川でも、川の氾濫を予期することが王たちの重要な役目としてあり、ナイル川の船着き場には、今でも川の水位を測る物差しが刻みつけられています。そしてこの「雨期の予測」とはまさに「暦」の話でなければならなかったのです。

そう考えると「ノアの方舟」の根本のテーマは、雨期と暦の先読みの話であったことがわかります。そしてその暦の先読みの中に、動物が順番に方舟に入るという話が並列されていたのです。ここでも「暦」と「動物」は、深く関係させられて物語化させられていたことがわかります。

しかしここで、「洪水」や「ノアの方舟」の問題を取り上げすぎると、話が横道にそれますから、この話が現代に通じる側面に限定して関心を向けたいと思います。

（2）「舟」とは何か

ここで少し方向を変えて、「舟」というものについて考えておきたいと思います。「ノアの方舟」の話はまさに「舟」の話でもあったわけですが、ではいったいなぜ「舟に乗る」ような話が作られていったのでしょうか。それは簡単なことだ、と言われるかもしれません。大洪水があったから舟に乗る話が作られていったわけで、舟に乗る以外に話を展開することはできないではないか、と。

確かに「大洪水」があったという話を先に持ってくれば、「舟」が後に造られるのは当然だということになるのですが、それは本当にそうなのかということは、改めて考えてみる余地があります。

古代の北欧では、「舟」は女神（フレイヤ）を象徴していました。「女神」はもともとは「豊饒の神」でした。食べ物を産んでくれる神さまでもあり、それは産めよ増やせよの性的な神さまでもありました。古代のローマでも、イシスを「舟の女神」とし、「舟」をイシスの「子宮の象徴」にしています。女神の神殿の入り口には石彫りの「イシスの舟」が安置されています。女性の性器を「舟」の形に描くのも、シンデレラの「靴」を「舟」の形に描くのも、関係があるかもしれません。

こうしたことを踏まえながら、なぜ古代の女神たちが「舟」のイメージで見られてきたのかを考えることは大事かと思います。「女神」は産む神さまであり、産むための受け皿としての子宮のイメージを内包していました。そこから、命を守り育み次の世代に渡す役目をはたす子宮のイメージを、トータルに「舟」として古代の人々はイメージしてきたのではないかと。そうした生きものを育む「舟」のイメージが、大洪水の話と結びつく時に、動物を助ける舟のイメージに転用されていった可能性が、そこから見えてきます。

そういうふうに考えると、たくさんな生きものを乗せた「ノアの方舟」の「舟」も、ある意味でははるか以前の文化現象として伝播してきていた「女神」のイメージとつながっており、それはそれでまた豊かなイメージを含むものになっていることが見えてくるかと思います。

(3) 「私たち」の中の「ノアの方舟」――「遺伝子」という「乗り物＝舟」がある？

もちろん「女神＝舟」のようなイメージを持ち出すだけでは、何かしら古くさいイメージを持ち出しているようにしか思われません。でもここまでの話の中で少し見えてきたものがあります。それは「ノアの方舟」には、はっきりと「生殖」のイメージが託されているというところです。もし「ノアの方舟」に、そのような生殖的なもの、子宮のようなものをイメージするところがあるとしたら、方舟に集まる動物も、同じような視点から理解することも可能になってきます。それは子宮の中に宿される「種（たね）」のようなものと比較することができるからです。そしてこの「種」というものが「問題」なのですが、この「種」には実は長い生命の歴史が反芻されているところがありました。

「種」は今日では「遺伝子」と呼ばれるようなイメージになってゆくのでしょうが、こうした遺伝子には「種（しゅ）」を越えて延々と続いてきた生命の営みの歴史が含まれています。別なふうに言えば、遺伝子にはシルエット的に見れば、「ノアの方舟」に一列になって乗り込むような動物たちの姿が透かし見えるようなのです。ということは、もしも「ノアの方舟」に、「子宮」や「遺伝子」に近いものがあるとしたら、絵本のようにたくさんな動物が一列になって入ってゆく絵が見えても不思議ではないということになり、だからそういう絵を描く人が出てきても、あながち空想的なものを描いているといえないことも考えられます。現実に何らかの形で、たくさんの生きものがこの遺伝子の螺旋構造の列の中に含まれているのですから。

このことは、別な表現の仕方をすれば、「私たち」の中に「ノアの方舟」があると表現できることなのかもしれないのです。そういう意味では、この「ノアの方舟」の話は、遠い昔の話ではなく、私たちが一人一人、今ここに抱えているものとして理解できる道筋が見えてきます。むろん、そういうふうにこの物語を考えることは、『旧約聖書』の理解としては間違った理解をすることになるかもしれませんが、でも、「私たち」の中に「ノアの方舟」があるという発想は、誰もがこの物語を身近に感じることのできる楽しい考え方にもなるのではないかと私は思っています。

近年になって、京都大学の山中伸弥教授の発見した万能細胞「人工多能性幹細胞（ｉＰＳ細胞）」が大きな話題を呼びました。皮膚の細胞から、その人の全身を再生できる可能性のある「万能細胞」を発見したというニュースです。なんでもない小さな皮膚の細胞に、大きな生命を発生させるものがあるという発見です。精子や卵子や受精卵だけが生命をつくりだすのではなく、じつはあらゆる細胞には、生命を発生させる何かがあるという発見は、すごいなと思います。この一つの小さな細胞の中に発見された「万能細胞」も、ある意味では「未来のノアの方舟」なのかもしれません。

おわりに

こうして話はラチョフ絵の『てぶくろ』に戻るのですが、ここまで見てきたことを踏まえると、この絵本には、弱肉強食を無視したユートピアや、民族融和の国家が描かれているというような理解だけではなく、大小の生きものが、地球の上の何かしらの「舟（てぶくろ）」の中で、さまざまな姿をとりながらも、共に生きてきていることを描くような、壮大な生命史の時間を描いているところも読み取れ、それも、そういう生命史が「動物の絵」として描かれることで、はじめて誰でもが「わかる」ようにしてくれているところが理解できたのではないかと考えます。そういう意味で「生命史（暦）」が「絵本」になることで、「暦」と「絵本」が「わ」になって人々を支える道筋を開いていってくれたのではないかと思います。

注

注1　E・ラチョーフ描くふたつの「てぶくろ」をめぐって」(『カスチョール』二一号、二〇〇四年。

注2　棚橋美代子「物語絵本の構造—「てぶくろ」「かいじゅうたちのいるところ」「もりのなか」『絵本論』創元社、二〇〇五年。

注3　ここで絵本をラチョフ絵『てぶくろ』に限定しているが、外にも違った挿絵画家によって書かれた絵本が出版されてきている。それらはここで論じることができないのだが紹介しておく。『てぶくろ』横内襄絵、田中かな子訳、メイト、一九九五年。『てぶくろ』あおきひろえ絵、学習研究社、二〇〇〇年。再話アルビン・トレッセルト『てぶくろ』ヤロスラーバ絵、三木卓訳、のら書店、二〇〇五年。『ウクライナ民話より　てぶくろ』たちもとみちこ絵、ブロンズ新社、二〇〇五年。

注4　『ロシアのどうぶつ民話集　つぼのおうち』ラチョフ絵、松谷さやか訳、新読書社、一九八二年。『きつねとおおかみ』ラチョフ絵、遠藤紀子訳、らくだ出版、一九七五年に別な挿絵で収録。

注5　『アファナーシェフ　ロシア民話集(上)』中村喜和篇、岩波文庫、一九八七年。

注6　『アファナーシェフ　ロシア民話集(下)』中村喜和篇、岩波文庫、一九八七年。

注7　「アファナーシェフ童話集」『少年少女世界の名作文学　ソビエト編2』小学館、一九六八年。

注8　トルストイ、ブラートフ文、ラチョフ絵『まほうの馬』高杉一郎、田中泰子訳、岩波書店、一九六四年。

注9　バタイユ『ラスコーの壁画』出口裕弘訳　二見書房、一九七五年。横山祐之『芸術の起

源を探る』朝日選書、一九九二年。港千尋『洞窟へ』せりか書房、二〇〇一年。中原佑介編著『ヒトはなぜ絵を描くのか』フィルムアート社、二〇〇一年。海部陽介『人類がたどってきた道』NHKブックス、二〇〇五年。グーラン『身ぶりと言葉』荒木亨訳、ちくま学芸文庫、二〇一二年。『世界遺産　ラスコー展　図録』毎日新聞社、二〇一六年。『THE　世界遺産ヴェゼール渓谷の装飾洞窟群』TBSライブ、二〇〇二年。

注10　『アルタミラ洞窟壁画』岩波書店、二〇〇〇年。ウィリアムズ『洞窟のなかの心』港千尋訳、二〇一二年。

注11　DVD『世界最古の洞窟壁画　忘れられた夢の記憶』角川書店、二〇一二年。

注12　「地球ドラマチック 知られざる古代文明（1）ラスコー ～洞窟にきらめく星座」NHK、二〇一一年一一月六日放映。

注13　近藤二郎『わかってきた星座神話の起源―エジプト・ナイルの星座』誠文堂新光社、二〇一〇年。『わかってきた星座神話の起源―古代メソポタミアの星座』誠文堂新光社、二〇一〇年。

注14　『吉野裕子全集6　五行循環、十二支』人文書院、二〇〇七年。

注15　フレイザー『洪水伝説』星野徹訳、国文社、一九七三年。ノーマン・コーン『ノアの大洪水』大月書房、一九九七年。ライアン・ピットマン『ノアの洪水』集英社、二〇〇三年。

六　手塚治虫とゲーテの『ファウスト』――「メタモルフォーゼ」をめぐって

はじめに

手塚治虫（一九二八－一九八九年）とゲーテ（一七四九－一八三二年）の『ファウスト』をつなぐ、「メタモルフォーゼ」について考えたいと思います。手塚治虫の代表作は、『火の鳥』をはじめ、たくさんあるのですが、共通しているのは「変身」のテーマです。今日は、とくに手塚治虫が初期の頃に『ファウスト』を読み、それを漫画にしていたというところを重視し、そこに手塚治虫とゲーテとの接点を見てゆきたいと思います。

1　「メタモルフォーゼ」とは

（1）二つの変身

「メタモルフォーゼ」は、広辞苑で調べると「変身」「変態」という二つの言葉で説明されています。では「メタモルフォーゼ」とは「変身」なのかということなるのですが、ただ「変身」と言ってしまうと大事なイメージがうまく伝わりにくいので、先にここで考えたい「変身」について説明をしておきます。

「変身」には二通りあります。一つは、「元の姿」があって、「別の姿」に「変身」するというもので、『仮面ライダー』などがその例となります。この物語は、本郷猛という人物がショッカーによって改造され、仮面ライダーに変身する物語なのですが、そのように「元の姿」から「別の姿」に「変身する」というのが、多くの人がイメージする「変身」だと思います。

ところが、もう一つの「変身」があります。それは「元の姿」があって別のものに「変身」するのではなく、そもそも根本に「変身」があって、その「変身」がまた「変身」していくような「変身」についてです。「元の姿」はなくて、どこまで行っても「変身の姿」があるというような「変身」です。それは個体の変身というより、生命史の大きな流れの核心にあるようなものです。

たとえば手塚治虫の漫画『火の鳥』は、そういう壮大な生命史の「変身」を扱っています。そこでは、「個体の変化」としての「変身」にとどまらず、生命それ自体が根本に持っている「変身」のあり方が追求されています。そういう「変身」のあり方を、ここで改めて「メタモルフォーゼ」として考えたいと思っています。

2　ゲーテの『ファウスト』の世界の現代性

(1) キリスト教世界と「ワルプルギスの夜」

最初にゲーテの『ファウスト』の説明をするのですが、その前に、手塚治虫が二一歳の時に、その『ファウスト』を漫画にしていたことに触れておきます。若き手塚がいったい『ファウスト』のどこに魅了されたのかということについて。すでにゲーテの『ファウスト』を読まれた方は、漫画の『ファウスト』を読まれると、「これは何なのか」と思われるかもしれません。が、手塚治虫は大事なところはきちんと理解して描いているのです。それは何かということについて、ゲーテの『ファウスト』の世界の中核の部分を取り上げて説明したいと思います。

ゲーテの『ファウスト』の第一部は、ファウストが「世の中でいろいろと勉強してきたが、真理を得ることができなかった」と思っているところへ、メフィストフェレスが現れて「あなたの知らない面白い世界がありますから、連れて行ってあげよう」と言い、異教徒や魔女が集まる宴の場としての北欧の「ワルプルギスの夜」にファウストを連れて行きます。これは非常に大事な設定です。なぜゲーテが「ワルプルギスの夜」を設定したかというと、そこには異教の世界があって、確かにおどろおどろしい世界ではあるが、キリスト教とはまた違う世界のあることをファウストは知ることになるからです。これが第一部です。

もちろん第一部の多くの部分はグレートヒェンとの物語であり、ファウストが美しい娘に一目惚れをして、彼女を妊娠させてしまうという話でもあります。そして、結婚もしていないのに身籠ったため、グレートヒェンは罪人にされ、裁判にかけられて死刑になってしまう。これは実際にあったニュースを基にゲーテが物語にしたもので、この話は、この話だけで現代にも通じるテーマが盛りだくさんに展開されています。ですので、グレートヒェンの物語も大事な話ではありますが、ここでは、もう一つの大事なテーマ、「ワルプルギスの夜」に絞って考えたいと思います。

第二部は、ワーグナーという医者の作ったホムンクルスという人工生命体が、ファウストを古代ギリシャの「ワルプルギスの夜」に誘う話です。そこには驚くような姿形の神々がたくさんおり、ファウストはその世界にも驚愕することになります。

結論を先に言ってしまいますが、実は、この北欧と古代ギリシャの二つの「ワルプルギスの夜」が「メタモルフォーゼ」の世界なのです。それをキリスト教は邪悪な世界として教えてきたのですが、「本当にそうなのだろうか」と、ゲーテは考えてきていて、この二つの世界を改めてもう一度見直すようにしてこの『ファウスト』という作品を描こうとしていました。ここがとても大事なところです。ファウストがいくら勉強しても真実を得られなかったのは何故かというと、キリスト教が世界の中心で、その世界だけに「正常」や「真実」があると思っていた考え方に、いつしかゲーテは「それは本当か」と疑念を抱きはじめていたからなのです。もっと他の世界も含めて考えなければ、「真実」の世界の見方を間違ってしまうのではないか……と。しかし、そういうことを言うと非キリスト者と見られてしまうので、それを大きな声で言うことはできない。「そこ」に、あえて案内してくれるのが、第一部はメフィストフェレスであり、第二部は人工生命体（ホムンクルス）だったのです。

（2）二つの「ワルプルギスの夜」のメタモルフォーゼ

まず、北欧の「ワルプルギスの夜」の挿絵を見ると、異様な姿のさまざまな人が集まっています。ここには、確かにおどろおどろしいけれども、人々を魅了して止まない世界があります。そこには妖精や魔法使いなどがいるのですが、最近で言えば「ハリーポッターの世界」とも言えるでしょうか。「ハリーポッターの世界」がなぜあのように世界中の子どもたちに人気があるのかというと、キリスト教では邪険にされる魔法の世界、魔物の世界が、「こんなにも魅力的な世界だったのか」と思わせてくれる物語になっていたからです。こういう世界を「北欧のワルプルギスの夜」は表していたと思ってもらってもいいと思います。

今でもこの「北欧のワルプルギスの夜」は、たとえばハロウィンの祭りや五月の火祭りとして残されてきています。冬の季節から春の季節に移る時、春をもたらしてくれる神々を讃える祭りが「ワルプルギスの夜」だったからです。日本でも「とんどさん」と言って一二月や一月に火祭りが全国で行われてますが、同じようなことをヨーロッパで行っていたものと思われます。挿絵をよく見ると、いろいろな動物がうごめいている様子もわかります。これは大事な挿絵です。そして何よりも、この「北欧のワルプルギスの夜」に誘うためには、ゲーテによって造形された「メフィストフェレス」という存在がとても重要になっています。彼がいなくては、そこへ行くことはできなかったからです。

もう一つ、「古代ギリシアのワルプルギスの夜」に表れるさまざまな生きものの図版があります。ギリシャ神話では、羽の生えたライオンや尻尾が蛇のような人間のような姿、角のある人間など、いろいろな生きものが描かれています。これは何なのか、ただの空想の世界なのか、と今までさんざん議論されていた世界です。でも、進化の中でカンブリア紀があったように、カンブリア紀に生まれた生きものはほとんどが怪奇な姿をした生きものたちです。挿絵に描かれている図は人間の想像力によるものですが、実はカンブリア紀には、人文の言葉で言う「想像力」「構想力」のようなものに導かれて作り出された生命の姿がたくさんあったのです。大事なことは、こういう「古代ギリシアのワルプルギスの夜」に表れる、多くの奇妙でグロテスクな生きものを考えようとすると、実は生命の源を考えなければならなくなるというところなのです。

ところで、「古代ギリシアのワルプルギスの夜」に行くためには、ホムンクルスと呼ばれる人工生命体が、とても大事な役割をしています。ホムンクルスは、フラスコの中でしか生きられない生命体のように思われて、未熟なイメージがありますが、そうではありません。実際に読むと、ホムンクルスはとてもおしゃべりです。つまり、「ワルプルギスの夜」に行くためには、キリスト教世界のものではない者が誘ってくれなければならない設定にしていたようなのです。

というのも、そもそもキリスト教では、生命は神しか創造できません。それに反して、ゲーテは、あえて人工生命体を創るというような冒涜的な設定をし、そういうものを通してしか「ワルプルギスの夜」の世界には行けないような設定をしていたのです。あえて言うなら、ゲーテがこのフラスコの中に出現させたのは「多能性幹細胞」のようなもので、人文の言葉を使えば「想像力」「構想力」といったものなのです。なので、生まれた時から「おしゃべり」でなくてはならない存在であったように思われます。

3　手塚治虫の初期の作品から

（1）三大名作の誕生

そしてここから、漫画『ファウスト』を書いていた初期の手塚治虫の作品を見てゆくことにします。

『別冊 太陽』（平凡社）に『手塚治虫マンガ大全』（一九九七年）という、手塚治虫の軌跡を細かく追って紹介した優れたビジュアル本があります。その最初は「赤本からのスタート」と書かれており、これによると、手塚治虫は二一歳の時に『メトロポリス』という作品を描いています。

そして二二歳の時にゲーテの『ファウスト』を漫画化していて、それから『ジャングル大帝』を描いています。二三歳の時に『鉄腕アトム』の基になった『アトム大使』を描き、二五歳の時に『リボンの騎士』が描かれます。つまり、手塚治虫の三大名作と言われる『ジャングル大帝』『鉄腕アトム』『リボンの騎士』は、二五歳までに作られたことがこの年譜からわかります。

今回取り上げて考えてみたいのは、二一歳の手前、つまり一〇代後半に彼が何を描いていたのかということです。手塚治虫は一九歳だった一九四七年に『新宝島』を描くのですが、その後に『キングコング』や『ジャングル魔境』などの「ジャングルもの」を描いています。今の若い人は「ジャングルもの」と言われてもわからないと思うのですが、戦争中、あるいは戦争が終わった頃、日本の絵付き物語ではたくさんの「ジャングルもの」が描かれました。そもそもの太平洋戦争は東南アジアのジャングル地帯でなされていたからです。手塚治虫もそれを見て育っていますので、手塚治虫の中で「ジャングルを描く」ということは、ごく自然な環境としてあったように思われます。

その中から名作『ジャングル大帝』が生まれます。でも、見たように、この作品は手塚治虫の独創性が発揮された作品というよりか、いろいろな人が描いていた「ジャングルもの」を彼も、彼なりに描いたということになります。ところが、この『ジャングル大帝』には、他の人の作品とは徹底的に違うところがありました。それは動物の見方です。それが「メタモルフォーゼ」に関わる見方であり、彼は、今までと違う「ジャングルもの」を描きはじめていたのです。

（2）『ジャングル大帝』とは

『ジャングル大帝』はアニメ化されたのでご存知の方もおられると思いますが、少しだけストーリーを紹介しておきます。ジャングルに白いライオン・パンジャが生まれます。しかし、人間がジャングルに進出し、妻のエライザが捕らわれてしまい、彼女を助けようとしてパンジャは殺されてしまいます。エライザはヨーロッパへ連れて行かれることになり、船の上でパンジャと同じ白いライオンのレオを出産し、そして母はレオに「ジャングルへ帰れ」と言って海へ逃がします。

レオはジャングルに戻る途中で、ケンイチという人間に会い、人間の言葉を学んで無事ジャングルに戻ることになります。レオは人間から学んだ文化を生かして、弱肉強食のジャングルで食べられてしまう動物を助けるために、人間の知恵を生かした活動をしようと思い立ちます。でもこれは奇妙な活動で、私は若い頃にこのあたりを読んで、「レオは何て変なことを考えるのだろうか」と思ったことがありました。つまり、レオはジャングルの動物たちに「これからは弱肉強食ではいけない」と言い、動物たちから「何を食べればいいのか」と聞かれると、「畑を作ろう」と言って畑を耕すシーンが描かれるからです。植物を植えて、皆でそれを育てて食べようというわけで、私はそれを見て「それで肉食の動物が満足するのか」と疑問に思ったわけです。

ところが今日では、大豆を加工して、「肉のようなもの」つまり「代替肉」の技術が急速に発展してきています。実際に食べると「本物の肉と全く変わらなかった」という感想が出てきます。

最近になってそのように代替肉を作れることがわかってきたのですが、すでに『ジャングル大帝』の中で、そういう発想への道筋が描かれていたのでは、と考えるととても興味深いものがあります。

この作品を通して、手塚治虫は「植物—動物—人間」が「わ」のようにつながっているという思いを、猛然と作品にぶつけているのがわかります。

第二部では、ジャングルに帰ったレオが、結婚してルネとルッキオという子どもを授かり、ジャングルの動物たちを守るために働くところが描かれます。ところがそんなジャングルに、「死斑病」という今のコロナのような疫病が蔓延し、動物たちは次々に倒れていきます。その中でレオの妻のライヤも感染し亡くなり、息子のルネも同じ病にかかります。その時にアルベルトという人間の医者が来て注射をして助けてくれます。それに感激したレオは、「人間と一緒にやっていくのは無駄ではない」と知ることになります。

そしてレオは、「月光石」というウラン鉱石のようなものを採掘しようとムーン山へ行く人間たちに同行し、吹雪に遭い、ヒゲ親父と二人きりになって凍死の危機に瀕してしまいます。その中で、レオはヒゲ親父に「自分を殺して肉を食べ、毛皮を着て生き延びてくれ」と言い、壮絶な死を遂げるのです。これで『ジャングル大帝』の物語はほぼ終わり、その後の息子ルネの活躍は、少し付け足されたような感じになっています。

このように、この物語の中心人物はレオであり、レオが人間の世界とジャングル・動物の世界をつなぎ、共存しようと知恵を働かせるという話として展開されます。これをアニメで見たり、あるいは大人が見ると、手塚治虫がユートピアのような、あり得ないことを描いているように思われ、「子ども向けだから仕方がない」と低く見なされてきたように思われます。

4 「ジャングル」とは何か

(1) 手塚治虫の考えようとした「ジャングル」とは

そこで問題となるのは、手塚治虫が描こうとした「ジャングル」とは何なのか、それは、どのように考えたらいいのかということです。

ふつう、「ジャングル」は「主に熱帯の高温多雨の地にあり、繁茂した草木におおわれた地。密林」と説明されており、動物についてはあまり説明されていません。でも一般に人々が思い描く「ジャングル」とは弱肉強食の世界で、強くて獰猛な肉食系の生きものと、おとなしい草食系の生きものが入り混じって棲んでいるような世界です。

そして、「ジャングル」から「文明社会」へと、進化の中で段々と高度な知能を持った生きものが生まれてきたと教科書で教わることになります。この進化の大元に「ジャングル」というものがあるというわけです。

ところが、手塚治虫が描いている「ジャングル」は、一般に説明されているような世界とは違う世界です。きちんと読むと、驚くような描き方をしているところがあります。

手塚治虫は「生命はメタモルフォーゼだ」と言っています。これは前述のように、生命史の流れの中の変身としての「メタモルフォーゼ」です。生命とは「劣」から「優」への進化ではなく、生きものの多様な姿を温存しながら、地球上に広がっていったものだと彼は考えようとしています。つまり、すべての生きものの在り方を、優劣で振り分けて考えないような見方をするような「ジャングル観」です。ここはとても大事なところで、普通の「ジャングル」という見方で見てはいけないような「ジャングル観」です。そこを考えないで『ジャングル大帝』を見てしまうと、作品は平凡な子ども向けの物語に見えてしまうと思います。

ちなみに、高校の生物のサブテキストを見ると、世界中には本当にたくさんの生きものがいることが写真で紹介されています。どれだけ見ていても見飽きないほどです。そして、そのように多様な生きものが棲んでいるところが「ジャングル」なのです。さらには、生命史の中の「カンブリア紀」という時代は、進化史上で、もっとも異様な姿形をした生きものが爆発的に出現した時期で、まさに手塚治虫の考える「メタモルフォーゼ」が爆発したような時期になっていました。

そして、大航海時代に、ヨーロッパ人がヨーロッパに「ジャングル」を持ち込もうとした時期が現れます。「動物園」の創出です。ウィーンにシェンブル禽獣園（きんじゅうえん）という最古の動物園ができるのが一七五二年であり、この時ゲーテは三歳なので、ゲーテものちに「動物園」のようなところに行ったように思われます。ゲーテはたくさんの動物の骨格を模写していますが、「動物園」あるいは「博物館」のようなものがなければ、恐らくゲーテは動物のことをあまり知ることができなかったと思われます。そのように、知識人にとって、「動物園」のようなものはとても大事な役割を果たすことになってゆきます。

（2）「ジャングル」の進化

高校の生物のサブテキストでは、まず大腸菌やバクテリア等が出現し、それがアメーバやゾウリムシ、爬虫類、植物等へと扇形に広がっていく図が描かれてます。このような説明の仕方は良いと思います。つまり、進化を「劣から優の変身」と見るのではなく、扇形のように広がる「変身」と見ているからです。

今はコロナウイルスが蔓延していて、ウイルスの見方がいろいろと言われていますが、「ウイルスは生物ではない」と説明する科学者もいて、疑問に思うこともたくさんあります。ウイルスはとても賢くて、大きな動物がするようなことを小さいながらちゃっかりとやってのけています。それなのに「劣から優の変身」という見方をすると、「ウイルスは生命ではない」とし、生きものらしくない振る舞いをしているかのように見られてしまいがちですが、そういう見方は良くないと思います。

前述したヨーロッパに動物園ができる過程は、大航海時代からはじまっています。一四〇〇年代にヨーロッパ人が大航海に出て、新大陸を発見し、ジャングルを発見し、未知の動物を発見してヨーロッパに持ち帰ります。特に貴族は、まず広大な庭園の中に植物園を造り、そして禽獣園（きんじゅうえん）という動物園を造りはじめます。キリスト教の教えに則って、動物園をノアの箱舟のように考えたのかもしれません。そこで、未知の生きものを低俗な生きものであるかのように捉え、「動物園で動物を見る」ということがはじまります。このあたりから「動物」を見る目が、わい曲されはじめます。

（3）キリスト教と動物園

ヨーロッパに、「ジャングル」で捕獲された動物が持ち込まれ、「動物園」という見せ物を通して「動物」を見ることで、何がはじまったのかと言いますと、当時のヨーロッパの中心宗教だった「キリスト教」の宣伝に使われることになります。つまりキリスト教の信仰者にならないものは、このような「動物」のような生を生きることになるという脅しです。動物のような生とは、奇妙な姿形をした生きものとして生きることになるということです。

ここでイメージされていたのは、キリスト者は「変身」のようなものとは縁が無いけれど、信仰を持たない者は、こういう不気味な生きものの姿に「変身」してしまうという恐怖です。

ゲーテの時代には、キリスト教の信仰者の姿が一番美しく、キリスト教から外れると、異教・異端の姿、つまり「獣」の姿になると見られていたところがあります。つまり、キリスト教では、「元の姿（信仰者の姿）」から外れる姿として「変身」というものがあると考えられていました。

世界の中心にキリスト教があり、それは「正常」であり、そこから外れると「異常なもの」「堕落したもの」「愚かなもの」「魔物」「悪人」「病を持つもの」などに「変身」したものが生まれてくる、という考えです。あるいは、「グロテスク」「醜い」「奇形」と呼ばれるものとして生まれてくる、という考えです。それは信仰者にとって大変に怖いイメージであり、信仰を無くすとそうなってしまうと思われていました。

ところが、それに対して、ゲーテは本当にそうなのか。真ん中に「正常」とされるものがあって、他はすべて「異常」や「異端」としての「変身」の姿なのか、と考えたのです。

5　「多能性幹細胞」は小さな「ジャングル」

(1)「メタモルフォーゼをする細胞胚性幹細胞」

先日、珍しい新聞記事が掲載されました。二〇二〇年九月八日の毎日新聞の記事で、「ES細胞から精子が作られる」という内容です。世の中には不妊の人、男性であれば精子がうまく作られない人、女性であれば卵子がうまく作られない人たちがおられるわけですが、この記事では、精子がES細胞から作られたことを紹介していたので、精子や卵子がうまく作られない夫妻にとっては大変な朗報だと思います。

これは、「細胞胚性幹細胞（ES細胞）」という、いろいろな細胞になる大元の細胞、つまり

「メタモルフォーゼする細胞」の発見です。この「多能性幹細胞」とも呼ばれる、いろいろな能力を持った細胞を培養すると、筋肉ができたり、血液ができたりします。それで今回精子を作ったというのですが、身体の中で作られる精子や卵子が、幹細胞を操作して作れるようになったということなのです。

つまり、「細胞胚性幹細胞」は「メタモルフォーゼ」し、いろいろなものに変身する細胞としてあるわけですから、それを取りだし、別の成長する過程に埋め込むと、そこにその姿を現すことになります。そして、そういうことが人工的にもできるようになってきたわけです。

言い換えると、「多能性幹細胞（ＥＳ細胞）」は「小さなジャングル」ということができます。そういう、さまざまな姿に変身する性質をもった細胞を、「多能性幹細胞（ＥＳ細胞）」というふうに呼んできたのは、その性質をよく捉えたすぐれた科学的な呼び方だと思います。でも、それは科学的に現象を捉える呼び方としては大変的確であるとしても、そういう言い方だけで満足していてはいけないのではないかと思ってきました。というのも、いろんな形を生み出すものというのは、「多能性幹細胞」以外にも、私たちの身近にもっとあるからです。それを私たちは「想像力」と呼んできていたと思っています。ここはとても大事なところです。「想像力」というのは、心や認識の機能であって、細胞のような生体の機能ではないと一般には思われています。「多能性幹細胞」はれっきとした科学の言葉であるが、「想像力」などというのは、ただの「人文の言葉」であるかのように。でも、私は、この「人文の言葉」も、科学の言葉と同じようにとても大事に考えなくてはいけないと思ってきました。

というのも、現実に生きものはすべて「想像力」を持って生きているので、生きものの姿は想像したように創られてきているところがあるからです。たとえば、敵が現れて、それを倒したいと「思う」と、身体に角が生えたり、牙が生えたり、爪が生えたりしてきたからです。「思う」ことがなければ、どうして角や牙や爪が生えてきたりするでしょうか。そういう「思う力」を人文の世界では「想像力」あるいは「構想力」と呼んだり、「イメージする」というふうに呼んできたわけです。

科学者は、とうぜん「細胞は想像力や構想力を持っている」とか「イメージを持っている」などとは言わず、「多能性の繁殖力を持っている」と言うわけですが、私は両方の言い方が必要なのだと思います。人文は人文の言葉で「多能性幹細胞」を説明しなくてはいけない、と思うからです。

手塚治虫は、実はこの多能性幹細胞を自分の中で「メタモルフォーゼ」「変身する力」として捉え、想像力、構想力を発揮してたくさんの物語を作ってきた作家なのですから。

（2）マンガの「カンブリア紀」を生んだ手塚治虫

再度言うことになるのですが、改めて「カンブリア紀」の絵を見てみると、この時期はさまざまな形をした生きものが爆発的に生まれた時代です。これは生理学・分子学で科学的に説明が可能なところがあるのですが、我々は人文の言葉で「想像力がそうさせた」と言ってもいい時代のように思われます。そういう意味で言うなら、手塚治虫の出現は、日本のマンガの歴史の中では、「カンブリア紀」に相当するものを出現させた時代なのだと言ってもいいように私は思っています。

6 『風の谷のナウシカ』へ

(1) 『ジャングル大帝』と『風の谷のナウシカ』の近さ

ゲーテの『ファウスト』を描く視点で、『ジャングル大帝』が描かれるところを見てきました。ここでの「ジャングル」は、多様に変身する生命体の生きる世界として描かれていました。しかし、「人間の世界」から「ジャングルの世界」に行くためには「橋渡しするもの」が必要でした。そこに「レオ」という白いライオンが設定されていました。ゲーテの『フォウスト』で、ファウストが「ワルプルギスの夜」に行くためには案内人（「メフィストフェレス」や「ホムンクルス」）が必要であったように。

手塚治虫の後、登場するのが宮崎駿です。実は、彼が描いた『風の谷のナウシカ』は、どこかしら『ジャングル大帝』に似ているところがあるのです。というのも、『風の谷のナウシカ』は、人間の世界から、「腐海」と呼ばれる不気味な生きものがうごめく世界に行く話にもなっていたからです。この「腐海」が、ある意味での「ジャングル」として設定されているのです。ゲーテでいえば、「ワルプルギスの夜」のような設定です。あるいはカンブリア紀の生きものがいるような世界として「腐海」の世界が設定されていると言ってもいいのです。そして、その「腐海」という「ジャングル」と、人間の世界の「橋渡し」というか、「媒介役」を果たすのが「ナウシカ」という主人公になっていました。

そういう風に見てみると、『ジャングル大帝』の「レオ」と『風の谷のナウシカ』の「ナウシカ」は、よく似た位置を占めているのがわかります。それは恐らく、宮崎駿の生命観と手塚治虫の生命観がどこかでシンクロして近い部分があったからではないかと思われます。

(2)「腐海」のモデル水俣の世界

ここで少し「腐海」について説明しておくのがいいかと思います。

「腐海」は、すでに言いましたように、手塚治虫の「ジャングル」に相当し、さまざまな奇怪な姿の生きものが生息しています。この「腐海＝ジャングル」を滅ぼそうとするのがクシャナという指揮官です。これが巨神兵を使い、火で焼き滅ぼそうとするわけですが、『ジャングル大帝』も同じで、「ジャングル」に入った人間たちは森に火を点けて焼き払おうとします。それに対してレオたちは戦うわけですが、同じようなことが『風の谷のナウシカ』でも行われます。『ジャングル大帝』の、人間が「ジャングル」を滅ぼそうとする時に、巨大な生きものが出てきます。『ジャングル大帝』はゾウや、ムーン山ではマンモスが出てきて、「ジャングル」の支援に回り、『風の谷のナウシカ』では王蟲が登場して「腐海」を支援します。このように巨大な生きものが出てくるところもよく似ています。

（3）水俣のメタモルフォーゼ

『風の谷のナウシカ』の投げかけるテーマも、私はとても現代的だと思っていますが、「腐海」にモデルがあったのは有名な話です。「腐海」のモデルは熊本の水俣です。水俣市は不知火海に面していますが、ここにチッソという水銀を作る工場があり、そこの工場排水が不知火海の南に位置する水俣湾に流れ込んでいたために、魚貝類がその水銀を体内に取り込みます。そういう魚貝類を食べた人たちが「水俣病」と呼ばれる奇病にかかったわけです。そういう病の世界が「腐海」のモデルとなっています。その世界が海の生きものたちによって浄化され、今はきれいな海になってきていることを宮崎駿は知って、恐ろしげな生きものがいる「腐海」という世界を、実は世界を浄化してくれている世界という設定にして、『風の谷のナウシカ』を作ったとされています。

水俣病は、海中に流出した有機水銀を貝などの小さな生きものが食べ、その小さな生きものを魚が食べ、その魚を人間が食べて中毒を起こす神経疾患で、特に胎児が先に侵されていくという病でした。

生命体は「メタモルフォーゼ＝変身」をするわけですが、「変身」によって自分を防御するわけです。角が生えたり、多くの手足ができたりするのは、必要だからそうするのです。したがって、水銀が体内に取り込まれると、胎児はそれに対抗しようとして変形するわけです。でも、対抗できなかった胎児は流産で死んでしまいます。そこで持ちこたえて、生き伸びることができた胎児が、「奇形」と呼ばれる姿で出産されることになります。

ここに変身した子どもたちの写真集（『水俣・東京展』一九九六年開催）があります。ここには、彼らの異常に曲がった手足が掲載されてます。ユージン・スミスの撮った「水俣のピエタ像」と呼ばれる有名な写真もあります。この水俣病に寄り添って『苦海浄土』を書かれた石牟礼道子さんもここに写っていますが、彼女も最後には水銀に侵されて身体が麻痺していきました。

まとめ

以上の話をまとめますと、生命の根本に「メタモルフォーゼの核」とでも呼びうるものがあって、それが、多様な生きものの形を生み、人間が感じる狭い「美」の範囲からはほど遠い、奇形、怪物、魔物、グロテスク、醜さと呼ばれるものを生んできました。そして、そういう歴史が、『美女と野獣』のようなテーマで、さまざまなバリエーションをもって物語化されてきて、「美女」が正常なものとして中心にあり、「野獣」はそこから離れた異端であるように物語化されてきました。

しかし、実際はそうではなく、実は根本に「メタモルフォーゼ」の核があるということを今回は指摘してきました。「いつまでも変わらない正常なもの」がどこかにあるというわけではなく、生きものは常に「メタモルフォーゼ」を生きてきているのではないかという問題提起が、ゲーテからも手塚治虫からも宮崎駿からもなされてきた、というのが、今回の私の話の核心の部分でした。なので、野獣や奇形だけではなく、老いることも含めて、生命体にとって、どこかに「正常なもの」があるというようなことを、簡単に考えてはいけないということなのです。

生命の根本にメタモルフォーゼの核を据えるということは、生命に優劣を付けるという発想ではなく、連続性を考えることになります。そういう生命の連続性を考えるということは、古代の人なら、「輪廻」のような「命の巡り」として考えたかもしれません。そういう「命の連続性」のようなものを正面から考えようとして、『火の鳥』が生まれたのだと私は思います。でもそういう「命のわ」のようなものを考えるのは、とても東洋的なものであり、そういう汎神論的、アニミズム的な考えは、一神教のキリスト教からはなかなか生まれないものとしてあったのではないかと私には思われます。だからこそ、そういう宗教観に対抗する汎神論的なテーマをもつ『ファウスト』をゲーテが描き、若き手塚治虫が、その「ファウスト」に共感し漫画にしたことは、偶然ではなかったように思われます。そのことを踏まえると、ヨーロッパでは、手塚治虫の描くような漫画は生まれなかったし、手塚治虫という漫画家も生まれることができなかったのではないかと思われます。

七　まど・みちおの「リンゴ」の詩異論——日本と台湾の間で

1　「リンゴ」の詩の作者解説

まど・みちお（一九〇九－二〇一四年）は、少年期、青年期から成年期にかけ、感受性の最も多感な時期に、約三〇年間台湾で暮らしています。その中で、日本の統治下に生きる台湾の家族や子どもたちと親しくなり、自分が奇妙なところに生きていることを感じていきます。一つの国であるはずの中に二つの国が、二つの国であるはずの中に一つの国が、「ある」ことの奇妙さ。「植民地」というような政治的な言い方では理解できようのない、現地での台湾の人たちと日本の移住者たちとの、交わらざるを得ない複雑な「わ」の暮らしぶり。まど・みちおの詩作は、この「わ」を見つめるところではじまり、その「わ」の体験が、敗戦後日本に引き揚げてきてからも、現代社会の中に引き続き「ある」ことを感じ、その感じを詩にしてきたものです。ここでとりあげる「リンゴ」という詩は、そういう体験にもとづかない限り作られようのない詩であったことを、ここで考えることができたらと思います。

この「リンゴ」（一九七二年）の詩は、一読して読者を驚かす、飛び抜けて優れた詩です。やさしいひらがなで、いかにも子ども向けに書かれているように見えていますが、実際は異様な詩で、その異様さは、多くの読み手に、不思議な「深み」や「わかりにくさ」を感知させてきました。

リンゴ

リンゴを　ひとつ／ここに　おくと

リンゴの／この　大きさは／この　リンゴだけで／いっぱいだ

リンゴが　ひとつ／ここに　ある／ほかには／なんにも　ない

ああ　ここで／あることと／ないことが／まぶしいように／ぴったりだ

（一九七二）六三歳

この「リンゴ」の詩が、いろいろに解釈されることを知っていて、まど・みちお自身は、早くからこの詩についての自分の想いをインタビューなどで語っていました。たとえば次のように。

テーブルの上に置かれていたリンゴを見て、その美しさにハッとし、私の中の何かが震えた。なぜハッとしたんだろう、美しいと思ったんだろうと追求していったら、そのうち「リンゴが占めている空間は、ほかの何ものも占めることができない」ということに気がついて、またハッとしたんですね。（略）ひとつのものがあるとき、そこにはほかのものはあり得ない。そういう「ものの存在のしかた」っちゅうものが、すごく美しく荘厳に思えて、その素晴らしさを言わずにおれなくなったんです。

『いわずにおれない』集英社文庫、二〇〇五年

似たような説明は、ちがうところでも何度も語られています。だから、そういう「説明」の中に、作品を解く手がかりがあるはずだと誰もが思うと思います。一見すると、この「説明」の中に、すっかり理解できてしまうような「解釈」が提出されているように見えます。でも、まど自身の「説明」は、あまりにも、うまく説明されすぎていて、詩を読んだ時の「わかりにくさ」が、どこかへいってしまいそうになります。

というのも、この詩には、作者自身の「解釈」では、「説明」のつかないところがどうしても感じられ、それは作者自身によって避けられてきた部分なのかもしれないのです。そういう部分

があるから、この「リンゴ」の詩が、とび抜けて優れているように人々に感じさせるところができていたのではないか。

というのも、この詩は、一気にできたのではなく、台湾時代から戦後の日本の暮らしをへて、練り込まれ表れてきたもので、その結果、余計な字句をそぎ落として、禅問答のような抽象性を獲得する詩に昇華させられてきました。その歴史的に練り込まれてきた思いは、見ようと思えば透けて見えてくるのです。その「思い」を先に指摘して、その後で、なぜそのようなことがこの詩から読み取れるのか、先行する詩をたどることで証明してゆけたらと思います。つまり私は、まど・みちお自身の自作説明に「異論」を唱えて、もう少し広い視野の元に、この詩を置いて見直してみたいのです。

2 「リンゴ」の詩――日本と台湾の間で

この詩の仕掛けは最初の二行にあります。この二行にこの詩の「異様さ」が、さりげなく示されています。

この最初の二行を、多くの人は、リンゴの描写だと思ってきました。セザンヌのリンゴの絵のような場面を作者が詩として書いていると。作者もそういう「説明」をしているので、それは確実なことのように思えます。でも、もしもそうだとしたら、この二行に示された、「ここ」というのは、テーブルのようなものになります。作者はテーブルの上にリンゴを一つ置いたというのですから。

しかし、そういう場面を想定すると、その後の思いがけない詩句の提示に、なに？と思うしかありません。「リンゴの／この　大きさは／この　リンゴだけで／いっぱいだ」となっているからです。そこで、「哲学的だ」というふうに感じる人もでてきます。最初の二行を「風景」や「抒情」として受け取ればそうなるのですが、後に考察するように、作者は、そういう抒情詩に対抗して自らの「詩」を鍛えきた詩人なので、それはないと考えなくてはいけません。

となると、この最初の二行に戻って、そこで提示されている「リンゴ」と「ここ」について、思いを新たにして向かい合わなくてはならなくなります。この「リンゴ」と「ここ」が、風景や抒情ではないとしたら、いったい何かということです。

私の理解し得たことを先に言わせてもらえば、この「リンゴ」は「日本」であり、「ここ」とは「台湾」のことです。「ここ」に「リンゴ」を置くというのは、台湾の上に日本を置くという戦時中の「原風景」です。その光景は自然の風景ではありません。人工の光景です。その人工の光景をまど・みちおは、三〇年の台湾生活の中で、常に見続けてきていました。

だから、「リンゴ」の詩は、次に、

リンゴの／この　大きさは／この　リンゴだけで／いっぱいだ

と書くのです。「リンゴの大きさ」というイメージが不意に出てくるので、読者は面食らってしまいます。セザンヌように、テーブルの上のリンゴをイメージしていた人にとっては、いきなり「リンゴの大きさ」と言われるからです。普通は「リンゴ」を「大きさ」というような物差しでは測りません。リンゴを、赤や球形の形やおいしさで表現するのならわかりますが、「大きさ」で表現するというのは、どこか不自然だからです。ここに、何かしら「詩的な発想」がなされているのではないかと感じる人もいるかもしれませんが、しかし風景描写としてこの詩を見ている間は、「リンゴの大きさ」の意味が見えてこないのです。

作者は、この時点で、「リンゴ」を「ここ」に置いたけれど、「リンゴ」が大きすぎて、その「大きさ」で「いっぱい」だと言っているのです。なにが「いっぱい」なのか。なぜ「ここ」が「いっぱい」になっているのか。言われていることは、ひとつです。つまり「ここ（台湾）」の上に置かれた「リンゴ（日本）」が大きすぎて、その大きさで「ここ（台湾）」がいっぱいになっている、ということについてです。

この「大きさ」という感覚について、台湾時代のまどは一九三八年にこういう詩を、同人誌「昆虫列車」八冊（八号という意味）に書いていました。

大きいんだよ

「大きいんだよ　でかいんだ」／「ほーう　そうかい　でかいんか」
「でかいんだとも　大きいんさ」／「ふーん、そんなに　大きいんか」
「大きいのって、ほら　こうだ」／「へーえ　でかいな　ほんとうかい」
「ううん　もっとさ　こんなにさ」／「おっどろいたね　そんなにか」
「なーに　まだだよ　こうなのさ」／「そんなに　でかくて　そりゃ　なにさ」
「なにだか　しるかい　でかいんさ」

（一九三八）二九歳

説明はいらないほどわかりやすい詩ですが、でもこの詩が台湾時代に書かれたことを思えば、不気味な詩です。誰が何を自慢しているのかはわかりませんが、ここには「大きさ」だけを自慢する者がいて、その自慢を冷ややかに聞いている者がいる構図が描かれています。せっかく「大きい」ということを自慢しているのに、相手が全く驚いてくれないのです。だから、つぎつぎに「大きさ」の度合いを広げなくてはならなくなっています。ここでは「大きさ」を見せびらかす発想そのものが揶揄され描かれているのです。最後には「そんなに　でかくて　そりゃ　なにさ」と小馬鹿にされて、それでも引っ込みが付かなくて「なにだか　しるかい　でかいんさ」という居直りが描かれています。

「リンゴ」の詩の「大きさ」というイメージも、わかりきったもののように受けとめないで、「大きさ」そのものが実は問題にされているということにも注意を払うべきなのです。

さらに続けて「リンゴ」詩は次のように書かれています。

リンゴが　ひとつ／ここに　ある／ほかには／なんにも　ない

ここにも「ここ」という表記がでてきます。読者は、ここにきて、この「ここ」という表記が何を指示しているのか、はっきりさせなくてはならなくなります。この詩に自然描写を見て取りたい人は、ここにきても、この詩はテーブルの上に置かれたリンゴを描写していて、テーブルの上にはリンゴの他には何もないということを言っていると考えるかもしれません。昨日は、このテーブルに、バナナやパイナップルもあったのに、今日は、このテーブルにはリンゴしかない、というようなことを。

しかし、そう考えるにしては、「ほかには／なんにも　ない」という言い方は、きつい言い方です。「リンゴ」が「ここに　ある」という説明と、「ほかには／なんにも　ない」という説明が、対比としては極端でありすぎるのです。テーブルの上に、リンゴが一つあるということを言いたいのなら、「ひとつある」と言うだけで十分です。わざわざ「ほかには／なんにも　ない」などと言う必要もないのです。なのに、あえて「ほかには／なんにも　ない」と言うことの可能性は、この場面がとても貧しい家の居間で、リンゴの他には何もないというようなことを強調するような場合です。しかしこの詩を読む人が、「ほかには／なんにも　ない」を「極度の貧しさ」のようなイメージで読むとは考えられません。となると、「ほかには／なんにも　ない」は、もっと違った意図が込められたものとして読むしかなくなるはずなのです。そうなると、私の理解の続きが生きてくることになります。

ここには「ここ（台湾）」に持ち込まれた「リンゴ（日本）ひとつ」によって、「ここ（台湾）」には、「リンゴ（日本）」以外のものは「なんにも　ない」かのようになってしまっている、という理解です。「ない」というのは、台湾のことです。台湾には台湾があったはずなのに、そこに「リンゴ（日本）」が置かれてしまってからは、その存在があまりにも大きくなって、その「大きさは／この　リンゴだけで／いっぱい」になってしまい、「ほかには／なんにも　ない」かのようになってきている……。

そういう理解を踏まえると、多くの人にとって「謎」のように見えていた最後の詩句の意味が、もう少し見えてくることになります。

ああ　ここで／あることと／ないことが／まぶしいように／ぴったりだ

ここにも「ここ」という表記が出てくることに注意を払わなくてはなりません。「ここ」で

「ある」といわれているのは「リンゴ（日本）」のことです。そして「ない」といわれているのは「台湾」のことです。しかし、日本と台湾は、「ひとつ」と見なさる時代がありました。だから、この詩には「ここで／あることと／ないことが／ぴったりだ」と書いている、ように見えます。しかしそれは、正確な理解ではありません。本文には、「ここで／あることと／ないことが／まぶしいように／ぴったりだ」と書かれていたからです。

「まぶしいように」とは何か、という問いを最後に問わなくてはなりません。

かつての植民地統治者にとっては、日本と台湾は、「日本＝台湾」として、ぴったりだと思っている時があったと思います。だから、この詩も、そういう人工的な光景を描いているかのように見えるかもしれませんが、この詩はそういうふうには書かれていません。この詩を読む人の多くが、気にはなるけれど説明できないものとして、この最後の「まぶしいように」という形容詞を意識してきました。この形容詞は、従来の発想ではうまく説明できないのです。「まぶしいように／ぴったりだ」というのはどういうことなのか。

問題は「まぶしい」とは、どういうことなのかということです。「まぶしい」という表現には、まぶしすぎてよく見えないという意味があります。だから、「まぶしいように／ぴったりだ」というのは、そこに目くらましのようなものがあって、それが原因でまぶしすぎてよく見えない、という意味にも受け取れます。

かつての、お殿様や天皇は、直視してはいけないというので、庶民はひれ伏したものです。

「まぶしい」ように感じて、よく見えないし、よく見てはいけなかったのです。でもひれ伏した人は、その向こうにいる人が、「まぶしさ」のなかで「お殿様」や「天皇」と呼ばれる存在とぴったり一致していると感じていたものです。でもそれは正確に言えば、「ぴったりだ」というのではなく、「まぶしいように／ぴったりだ」ということだったのです。

そういうふうに見てみると、最終の詩句で言われていたことは、「まぶしさ」の中で「あることと／ないこと」が「ぴったり」しているということだったことがわかります。そうなると、「リンゴ」という詩は、「リンゴ」の存在を、哲学的、存在論的に考察して、禅問答のような聴き手を煙に巻くようなことを言っている詩、というのではなくて、「ある（日本）ことと／ない（台湾）こと」を「ぴったりだ」と感じさせてきたものへの問いかけを表現しようとしている詩として見えてくる、ということになります。ここで最大限に注意を払うべきところは、「ぴったりだ」といっているのではなく「まぶしいように／ぴったりだ」といわれているところです。つまり、まぶしすぎてよく見えない中で「ぴったり」だと感じさせられている状況についてです。

3　年代順に重ねられていった抽象化

以上の説明は、私の恣意的なこじつけの解釈ではないかと思われる人がいるかもしれません。この「リンゴ」の詩は、一九七二年の詩で、作者の台湾時代とはずいぶん離れているではないかと。だから、日本と台湾というような関係にわざわざ結びつけなくても、もっと自由に解釈しても良いのではないかと。むろん構わないし、そうされるべきだと私も思います。しかしそういう自由な発想で読み解こうとしてきた人たちの多くが、自由に読み解くにしては、どうしても「哲学的だ」とか「存在論的だ」というような言い方で言うしかない部分に触れてきて、実際の詩句の有り様をうまく説明することができてこなかったのです。ということは、この詩には、「自由な読み解き」を許さない、もっとまど・みちおに寄り添って理解しないと解けない発想が込められていたのではないかということなのです。

それでも、「リンゴ」を「日本」とイメージするのが気に入らない人は、「リンゴ」を「中国」とイメージしてもらっても構わないと思います。今でも同じような事情が、中国と台湾の間で起こっていることは、誰もがわかることだからです。中国と台湾が、「ぴったり」していると誰も思っているわけではありません。ただ「まぶしいように／ぴったりだ」と言うのなら、それはそうだと嘲笑的に言う人がいるだけのことなのです。

しかし「リンゴ」を「中国」に置き換えたところで、それも私の恣意的で勝手な解釈に過ぎないといわれるかもしれません。このような詩に「国」のイメージを持ち込むのは、こじつけ過ぎると。そう思う人には、次の「じゅくし」という詩を見てもらうのがいいと思います。「リンゴ」と同じ『まど・みちお少年詩集　まめつぶうた』に収録されていて、ほぼ同時期に書かれたものです。

じゅくし

おやつの　おさらに／じゅくしが　ひとつ／つめたい　きれいな顔で／ゆったりと／ぼくに
　向かいあっている

ようやっと　いま／そこから　たどりついた／だれも知らない　はるかな国の／だいひょう
のように

この　ぼくを／にんげんの国の／だいひょうに　して

熟し柿を扱っている詩にしては、なんと大袈裟（げさ）な中身であることかと、誰もが思うのではないでしょうか。というのも「じゅくし」を「はるかな国」の代表として、そして「ぼく」を「にんげんの国」の代表として向かい合わせているからです。ここに「国」のイメージが重ねられています。「じゅくし」に「国」があり、「ぼく」にも「国」があり、その二つの国は違った国なのです。

そして、この詩の出だしを見てみると、

おやつの　おさらに／じゅくしが　ひとつ

となっています。「リンゴ」の出だしと比べてみてもらうといいと思います。

リンゴを　ひとつ／ここに　おくと

詩的状況が似ていることが、おわかりいただけると思います。つまり、「じゅくし」も「リンゴ」も、ともに「国」のイメージを背後に持って描かれているということなのです。「国」と「国」の向かい合いとして「柿」と「ぼく」がとらえられているからです。

ちなみに言うと、まど・みちおは『全集』（一九九二年）にそれまでの詩集を収録する際に、少なからず手を加えています。この「じゅくし」も手が加えられています。その箇所は「はるかな国の」を「はるかなかきの国の」とするのと、「にんげんの国の」を「まちがいなく　人間の国の」に修正しています。「国」のイメージにこだわっていることがわかる修正です。

それでも、この解釈が気に入らない人がいるかもしれません。その人のために、この詩が台湾時代のまど・みちおの感性を下敷きにしてできていると考える根拠を、彼の書いた詩を年代順にたどりながら述べておこうと思います。

次の「林檎のまわり」という詩は、まど・みちおが台湾時代に同人誌「昆虫列車」の一輯、一九三七年三月一日発行に発表したものです。まどが二八歳の時の作品です。すでに台湾で一八年間過ごしていた中で書かれた詩です。

林檎のまわり

林檎の　まわり、／林檎の　まわり、
空気か　何かが／　ざわざわ　してる、／　「林檎に　触ろ」と
押し合い　してる。

林檎の　まわり、／林檎の　まわり、
空気か　何かが／　ひそひそ　してる、／　「あんまり　赤い」と／　耳うち
してる。

（一九三七）二八歳

この「林檎のまわり」という詩を、自然描写、風景描写として受け取る人はいないでしょう。二八歳の作者が「林檎」というイメージを、自分なりに何かに置き換えて書いていることは誰に

もわかるからです。では何に置き換えているのかということです。先にも触れたように、ふつうに「林檎」を対象にするのなら、「赤い」ところとか、「球形」の形とか、甘酸っぱい「味や香り」というものについて取り上げるはずなのに、この詩では、「林檎」そのもののことより、その「林檎」をとりまくもの、「林檎」の周りにあるものを描いているのです。だからこの詩の題は、「林檎」ではなく、「林檎のまわり」と題されているのです。この題の付け方に不思議を感じないと、おそらくこの「林檎」の詩は理解できなくなります。

作者は、この「林檎」の「まわり」にいるものを「空気か　何かが」と表記しています。林檎のまわりに空気があるということなら、それは自然描写です。不思議なことは何もありません。でも、そんなことを書くのは陳腐です。林檎に限らず、コップにも、雨傘にも、その「まわり」には空気があるからです。

だから、作者はそんな自然描写として「空気」を描いているわけではなく、「林檎」の「まわり」にあるものが、「空気か何か」のようにしか見られていない存在であるところを表現しているのです。教室の中で、会社の中で「空気のように」存在していると言えば、その存在の仕方の特異さはよくわかるはずです。

事実、この詩では「空気」のように形容されているものが、「ぞわぞわ」して「「林檎に　触ろ」と／押し合いしてる」というのです。ただの「空気」ではないのです。でもこれだけでは、よくわからない。何が起こっているのかはわからないのです。ここまでの詩句でわかることは、

「林檎」の「まわり」に、「押し合い」して寄ってくる者たちがいるという光景です。

詩の二連となると、今度はこの「空気」が「ひそひそ」話をしているという光景が描かれます。そして「空気」たちは、自分たちの目にしている「林檎」に対して、大きな声では言えないらしく「あんまり　赤い」とそれぞれに「耳打ち」しあっている、というのです。

ここまで読み解けば、この「林檎」が台湾の中の日本人に見立てられていることは、一目瞭然であると思われます。日本人にとっては台湾の人は「空気か何か」でしかないように扱われているところがあったからです。でも台湾の人は、日本人に押し合いしながら、寄ってくる。生活のすべは日本が握っていたからです。その統治に大きな声で不服を言うことは認められない。「あんまりだ」だなんて口が裂けても言えないのです。だから「林檎」に対して「あんまり　赤い」というしかないのです。それも「耳打ち」のようにしてです。その「赤」は、当然「日の丸」の「赤」なのです。

こうしてみると、「林檎のまわり」という詩も、一筋縄ではゆかない詩であることが見えてきます。それにしても、「林檎」が、ここでもなぜ「日本」の象徴になるのかということです。おそらく、「リンゴ」は、寒い地方の産物で、暑い台湾では山岳部は別にして栽培できませんでした。現代の台湾でも、市場に流通している林檎の多くが日本の東北産です。戦時中も、きっと台湾を統治する日本人向けに、日本から東北産のリンゴが運ばれていたと思われます。事実、終戦直後に流行った歌が「♪私は真っ赤な林檎です、お国は寒い北の国♪」だったからです。そんな北の日本から、南の台湾へ、日本の象徴のようにして「赤いリンゴ」が運ばれていた。その「林檎」を陰で「あんまり　赤い」とひそひそ話をしている「空気」がいたというのです。

この詩を踏まえると、私が先の「リンゴ」という詩に「日本」を読み取ったのは、決して恣意的で勝手な解釈ではなかったことが理解していただけるのではないかと思います。

4　「リンゴ」の詩を現在の位置で読む――「存在」と「存在承認」の違いへの感覚

以上の考察を踏まえて、最後に、この「リンゴ」の詩を、現代の位置で読み直せばどうなるのか考えておきます。つまり、作者の台湾の体験を意識しないで、この詩を読む場合です。まど・みちおの故郷・周南市の高校生が「リンゴ」の詩について語っていたことを、ここで引用しておきます。


私がリンゴの詩が好きなのは、リンゴの詩のりんごというのを私におきかえる時に、自分の存在をすごく認められた気がして、すごく好きなんですけど、自分の存在を認めたあとに、まわりにいる友だちとかの存在も一緒に認められることができるので、すごい好きです。

（ＮＨＫスペシャル「ふしぎがり―まど・みちお百歳の詩」二〇一〇年一一月三日放映）

こういう理解も現代風の受け取り方でいいと思います。現代風というのは、「リンゴ」を「わたし」に置き換えるという受け止め方です。そういうふうに受けとめると、確かに、自分がそこに居るということで、そこがいっぱいなのだ、という思いが詩から感じ取れ、そんなふうにそこに居るというだけで自分が認められている感じがしてくる、と。

そういう理解はそれでいいと思います。ところが、この詩はもう一つのことを言っているところがあって、その理解がむずかしいのです。それは、この詩によると、あるものがそこに存在するということは、他の者がそこに同時に存在することが許されない、と指摘しているところです。「ここ」に置かれた「リンゴ」は、その「大きさ」さゆえに「この　リンゴだけで／いっぱいだ」と表現されているからです。

この表現を、高校生を例にとって考えてみます。ある高校生のいる教室には、机と椅子があり、その机と椅子に、その高校生の居場所がある、というふうになっています。事実、そこには、その高校生しか座ることが許されていません。

しかし、その「居場所」が通用するのは、その高校生がその高校に入学することを許されていたからで、もし、許されてもいない者が、その高校のその教室のその椅子に座って、ここが自分の「居場所」だと言っても、それは認められません。ある人がそこに「ある」ということは、他の人はそこにいられ「ない」ということなのです。ここでは「ある」ことと「ない」ことがぴったりと一致しているのです。教室でなくてもいいのです。バスの座席でも、プラットホームのべンチでも、公園のブランコでも、自分がそこに座れば、他の人はそこには座れない。つまり、その人がそこに居るというところの「そこ」とは、その人の存在でいっぱいになるとしても、それは「そこ」にいることが認められている限りにおいてなのです。そこに「存在」とは別に「存在」が承認されなければならない「存在承認」の問題があるのです。

現在、世界的規模において移民や難民や不法滞在ということが問題視され、そういう人たちに締め出しや強制送還というようなことが求められてきているのは、「国家」が存在する場所に座るには、その国に認められる条件がいるということなのです。「リンゴ」も、置かれる「場所」によって、「リンゴ」の存在が許されるかどうかが決まっていたからです。まど・みちおの「リンゴ」の詩が、たんなる「リンゴ」の存在の詩なのではなく、「リンゴ（存在）」と「ここ（場所）」の関係の詩だと私が指摘してきたのは、そこに「存在」と「存在承認」との違いの問題があったからです。

そのことに注意を払えば、何も「リンゴ」を日本に、「ここ」を台湾に置き換えなくてもよくなります。この詩がもっとも心を注いでいるのは、まさに「存在」と「存在承認」が別であること、そのことについてなのですから。そしてそのことが、現在世界中で問題になってきているのです。それが、移民や難民や不法滞在の問題であり、それにまつわる締め出しや入国禁止、強制送還などの問題なのです。この「リンゴ」の詩が、いかにも「存在論的」な様相を感じさせきたのは、この詩が、その「存在」と「存在承認」が別であることに、深く切りこんでいるところがあったからです。

しかしその視点は、多くの人が想像するような机上の哲学的思索から生まれてきたのではなく、彼が三〇年間生きてきた植民地台湾での経験から感じ取られ、見てきたように長い年月を経て詩の形に練り上げることによって自覚されてきていたものだったのです。

八　「ずいずいずっころばし」考——「おとな唄」を感じてはいかんのですか

1　「ずいずいずっころばし」ブラタモリの放映を見ながら

ＮＨＫの「ブラタモリ」を偶然見ていた時、東海道の宿場町で「ずいずいずっころばし」のわらべ唄の話になり、ここがその歌の発祥地なんです、と地元の人が説明され、お茶壺を運ぶ商人の話をしていました。その時アシスタントの女性のアナウンサーが、子どもの頃はこうやってよく遊んだものですといって、グウをした左手に、右手の人差し指を入れて、タモリさんに見せていました。

タモリさんならよくわかっているはずなのにと、私は少し恥ずかしさを感じながら、その場面を見ていましたが、女性のアナウンサーは、全く何も考えずに子どもの時のままでその遊びを再現されていました。もう長い間、指摘され続けてきていることへの配慮があまりなされていないことへの戸惑いと言えばいいのでしょうか。この不思議な不協和音。

ここに二つの情景があるのがわかります、子どもの頃に遊んだあそびを覚えていて、それをそのまま再現する光景と、子どもの頃の遊びを、「おとな」になってかおやっと思う人の出てくる光景と。

ずいずいずっころばし〈指遊び〉〔東京〕

ずいずい　ずっころばし／胡麻味噌(ごまみそ)　ずい／茶壺に追われて　トッピンシャン
抜けたァら　ドンドコショ／俵の鼠が米食って　チュウ
チュウ　チュウ　チュウ
お父(と)さんが呼んでも／お母(か)さんが呼んでも／行きっこなアし（よ）
井戸の周りでお茶碗欠いたの誰(だアれ)

『わらべうた』岩波文庫、一九六二年

毎日新聞に載った種村季弘の「こわいよこわいよ」（一九八〇年一二月一四日）というエッセイは、大手の新聞ですら、こういうことを感じる人たちがたくさんいることを紹介しているみたいでした。

わらべうたには、何やらひどく不気味な影がある。「通りゃんせ」なら「行きはよいよい、帰りはこわい」「うしろの正面だあれ」よくよく考えると意味深長な文句ばかりだ。（略）

恐怖と同時にエロティックな含意もかなり深い。

お父さんがよんでも／お母さんがよんでも／行きっこなあし／井戸のまわりでお茶碗欠くいたのだあれ

はてさて、内緒のお医者さんごっこでもしていたのだろうか。

種村季弘『幻想のエロス』河出書房新社、一九九八年

このわらべ唄、「好色な大人たち」の見方にかかれば、その全体が「性交」の歌に聞こえます。いわゆる「春歌」のようなものです。どこか納屋に隠れての若い男女の逢い引きの場面。最初の「ずい」は、男性器を女性器に入れる擬音。「ずいずい」と入れながら、寝っ転がっている二人。ちょっと「ごま」と「みそ」をまぜるようなねっとりした「ごまみそ」の状態。「茶壺」という「壺」は当然女性器ですが、「茶壺」が動きすぎると、「トッピンシャン」と「抜けてしまう」。「抜けたら」、ドンドコショ、です。「俵の鼠野郎」が、「米（クリトリスか）」を「チュウチュウ」と吸っている。小屋の外で、おとうやおかあが、用事を言いつけようと呼んでいるが、行ったらあかんよ。井戸（女性器）の周りでお茶碗欠いた（処女を失う）のだあれ。

およそそんなふうな連想です。でもいったんそういうふうに連想すると、もうそれ以外の唄に

は聞こえなくなるから不思議です。そうするとブラタモリのアシスタントの女性アナが、握りこぶしに人差し指を入れる動作も、ちょっと恥ずかしく見えてきます。うがった見方と眉をひそめる方ももちろんおられると思いますが、こういう記録もすでに紹介されてきていました。

あそぶといってもこれという事もない。積んである藁(わら)の中へもぐったり、時にはまえをはだけて、股の大きさをくらべあわせたり、×××をくらべあわせたり、そこへ指をいれおうてキャアキャアさわぐ。（略）そのうちにな、年上の子守りが、「××するちうのはここへ男のをいれるのよ、おらこないだ、家の裏の茅のかげで、姉と若い衆がねているのを見たんじゃ。おまえもおらのにいれて見い」いうてな、わしのをいれさせた。それがわしのおなごを知ったはじめじゃった。別にええものとも思わなかったし、子守りも「なんともないもんじゃの」いうて……。姉はえらいうれしがりよったがと、不審がっておった。

それでもそれからあそびが一つふえたわけで、子守りたちがおらにもいれて、おらにもいれていうて、男の子はわし一人じゃで、みんなにいれてやって遊ぶようになった。たいがい雨の日に限って、納屋の中でそういう事をしてはあそんだもんじゃ……。

宮本常一「土佐源氏」『忘れられた日本人』岩波文庫、一九八四年こういう光景が、日本の至るところで見られたなどと考えることはできませんが、昔の子どもたちの遊びの中に、こういうふうに「おとなの真似」をして遊ぶ者たちもいたであろうことは、わかる気もします。というのも「子ども」と「おとな」の線引きは、とてもむずかしくて、ラジオもテレビもない時代で、「子ども用の歌」などなかった時代には、「おとな」の唄を、くずしたり、転用したり、意味もよくわからぬままに、「子ども唄」のようにして歌ってきた歴史があったのではないかと思われるからです。

そういう「子ども唄」の歴史の中で、残り続けてきた「わらべ唄」に、今日から見ると「おとな唄」のようなものが紛れ込んでいるものがあったとしても、それはそれで不思議ではないように思われます。でもそこで、あえて「わらべ唄」を「春歌」のように見てしまう「見方」に対しては、当然違和を感じることもあり得ると思います。

従来のお茶壺道中説は「茶壺に追われて」という歌詞が、無生物の茶壺に追われることへの不審さから発生したものであることを考えれば、この歌の歌詞はもともとは鳥に追われるというもので、お茶壺道中説がまったくの牽強付会なものであることが知られよう。それでは明治時代初期に「鳥坊に追われて」であった歌詞が、後には何故「茶壺に追われて」に変化したのであろうか。それはこの歌を歌いながら作る親指と人差し指で作った穴が茶壺を連想させたからであろう。続く「抜けたら」の意味は茶壺に見立てられた子どもたちの親指と人差し指で作った穴から、順番に挿していく指が抜ける状態を言うものと考える。したがって茶壺はそれ自体に意味はなく、指遊びの様子が歌詞の中に混入したものと見たい。なお、茶壺は古く室町時代の『閑吟集』にも「新茶の茶壺よなう、入れての後は、こちや知らぬ、こちや知らぬ」と歌い込まれ、そこでは女性器をイメージさせるきわめてセクシャルな内容となっている。著者はこの説にも疑問を抱いている。それと言うのも「茶壺」を性的な意味で深読みしてしまえば、その他の歌詞もすべて深読みに深読みを重ねて一曲全体をセクシャルな歌に解釈してしまうことにつながるからである。それこそが現在種々行われている牽強付会で恣意的な解釈を導いている原因に他ならないのである。

小野恭靖『子ども歌を学ぶ人のために』世界思想社、二〇〇七年

小野氏は心配しておられます。「ずいずいずっころばし」を「お茶壺道中」の歌とするのはおかしい（私もそう思います）。しかし最近のように「茶壺」を女性性器のように解釈する風潮にも疑問を出されます。「「茶壺」を性的な意味で深読みしてしまえば、その他の歌詞もすべて深読みに深読みを重ねて一曲全体をセクシャルな歌に解釈してしまうことにつながる」と。つまりそんな「解釈」を認めてしまえば、あの歌も、この歌もと、次々にそんな解釈ですまされてゆくのではないかという心配が出てくるのではないか。誰かが、どこかで、はっきりとこういう傾向に異議を申し述べておかなくては……。そして小野氏が、この本の中でくり返し多用されるのが

「牽強付会（けんきょうふかい）で恣意的な解釈」という言い回しです。「牽強付会」とは「自分に都合のいいように無理に理屈をこじつけること。こじつけ」（広辞苑七版）という意味ですが、小野氏は、「茶壺」などを性的に見ることは、一部の好色な人たちの「都合のいいように無理に理屈をこじつけ」た解釈と見ているようです。

こういう批判に対して当然、若井勲夫『童謡・わらべうたの言葉とこころ』（勉誠出版、二〇二〇年）のような反批判が出てきます。小野氏の方が、性的な解釈を避けようとして、逆に自分の解釈に都合よく「深読み」をしているのではないかと。しかしそういう押し問答は、すればするほど、何かしら不毛な感じがしないでもありません。大事な考察が抜け落ちているのではないかと。

2　「通りゃんせ」など

他のわらべ唄にも、「おとな唄」に読めるものはあり得るのかと問うてみます。たくさんあるわけではないでしょうが、ないことはありません。見ようと思えば、そういうふうに見えてしまうという確率で、そういうものはあると思われますが、だからといって、そういう見方に、ことさら下卑た意図を見て取るのもよくないと思います。「おとな」になれば、そういうふうにも読める、ということでいいはずなのですから。たとえば、「通りゃんせ」、これは、岩波文庫『わらべうた』では「関所遊び」として紹介されています。確かに江戸時代、日本の各地には「関所」があって、そこを通るのにはいろいろ制約があって、それが「遊び」として残されてきているという「説明」がなされてきました。それは、その通りなのだと思いますし、それ以上の「説明」も不用かと思います。

通りゃんせ　〈関所遊び〉〔東京〕

通りゃんせ通りゃんせ／此処は何処の細道じゃ／天神様の細道じゃ
ちいっと通して下しゃんせ／御用のない者通しゃせぬ
この子の七つのお祝いに／お札を納めに参ります
行きはよいよい帰りは恐い／恐いながらも通りゃんせ／通りゃんせ

『わらべうた』岩波文庫、一九六二年

それでも「おとな」になって、ふとある視点からこの歌詞のどこかに「おとなの光景」を見てしまうと、その「唄」の全体が急に「おとな唄」のように見えてしまうことも起こります。たとえば「通りゃんせ」の「細道」を「性に至る細道」のように見てしまうと、唄の全体が違った光景に見えてくるから不思議です。一応歌詞では「天神様の細道じゃ」とは言っておりますが、

「天神様」とは名前ばかりで、そこに至る「参道」は、なにやら「産道」の光景と重なって見えないわけではありません。「御用のない者通しゃせぬ」といいますから、「御用」があるのです。だから「通して」もらいたい。そこに「お札」を納めに「参りたい」のですと。でも、なんの「お札」かとたずねられると、まずは「この子の七つのお祝いに」というしかないのですが、「この子」というのは、たぶん「むすこ」のことにも見えてきます。きっとやんちゃな「むすこ」なんだと思います。その「むすこ」をつれて、「お参り」にいくと、「あの細道」を通るように誘われます。「通りゃんせ、通りゃんせ」と。でも、うかうかとその「細道」を通ってしまうと、ややこしいことになってゆきます。「行きは、よいよい、帰りは、恐い」のです。でも「恐いながらも、通りゃんせ」と誘ってくるのです。なので、この歌が「関所」を歌っているとされてきたのは、その通りだったのだと思います。「細道」には「関所」があるのですから。

もちろん「開いた開いた」も「おとな唄」風に感じ取ることも可能です。「何の花」かは知らないけれど、「開いた」といっています。誰かが「何の花?」と問いかけたら、「蓮華の花」だといっています。「極楽」に咲く花です。「ごくらく」の花。でも、いつのまには「すぅぼんだ」と。

3　季節体としての身体——「自慰」という言葉への違和観

それでも、当然、批判は起こると思います。「こどもの無垢なわらべ唄」を「おとな」の卑猥な視線で「おとな唄」のように読んだり解釈したりしていいのか、と。むずかしいのは、繰り返していうように「子ども唄」と「おとな唄」の線引きのむずかしさにありますし、それに、子どもたちが楽しんで歌う遊びの中に、ことさら「おとな」が介入し、これはこういう意味なのだ、などと無礼なことをいうようなことは、なんとしても避けなくてはいけないというところもあるからです。

そのことを踏まえた上で、子どもと一緒に遊ぶ「わらべ唄」は、「わらべ唄」として歌う次元はきちんと確保されなくてはならないし、でも、それを「おとな」になって「おとな」の次元で「おとな唄」として読み取ることがあっても、それはそれでいいのだということは認めなくてはならないと思います。

「わらべ唄」として歌うことと、「おとな唄」として読み取ることは、全然別のことなのですから、それを比較して、いいとかわるいとか「判定」するのは「不毛」だと思われます。ただ、その二つを必要以上に結びつけ、「わらべ唄」の本当の意味は「春歌」なのだ、などと言ったりするのは、間違いだし、それこそ卑猥です。ここで求められているのは、「子ども唄」と「おとな唄」を結ぶ「わ」の意識です。この二つの唄は、どこかで切れているのに、でもどこかで柔らかくつながっているような「わ」の中で意識される必要があるということです。

そもそも、生きものはすべて「季節体」としてつくられているので、つねに「生殖」をめざし、「性的」であろうとしています。そして「性的である」とは、異性に対して自らの性的な魅力（姿形、匂い、声、強さ、しぐさ、などなど）をアピールし合うわけで、そういうシグナルに過敏に反応する態度がでてきます。

そして私たち人間も、生きものですから、季節体を生きており、つねに「性的なもの」には敏感に身体が反応するようにできているものです。ただ、人間はそういう反応をコントロールしなくてはならないのですが、でも、それはなかなか「むずかしい」ものです。お坊さんですら、そのような「煩悩」を「断つ」などということはできないのですから。たとえば批評家の吉本隆明さんは、「おれのどこが一番スケベかなと、いっしょけんめい考えてみる」として次のようなことを書いていました。

> フェティシズム傾向。どうも覆いがたいようで、街路を歩いていて、若い女性のものと思える下着が干してあるのを見かけると、瞬間、本能的に視線が吸いこまれ、つぎの瞬間にそれを意識して固くなり、気にかかりながら、眼をそらしてしまう。これは思春期からはじまり、いまでもほとんど変らないから、どうも素因的といっていい気がします。
>
> 吉本隆明「スケベの発生源」『背景の記憶』平凡社ライブラリー、一九九九年

いやいやそれは「素因的」ということではないのではないですかと、私なら言いたいところです。それは私たちが「季節体」としてあるものだから、思春期を迎えたあとは、「性」を刺激す

るようなものにふれると、身体が自然に反応してしまいますし、またそうならないと「季節体」としての意味がないようにも思われますから。

別な例を挙げると、吉本隆明さんは一九七四年（五〇歳の時）に心理学者・馬場礼子氏のロールシャッハ・テストを受けています。その時見せられるカードの多くに「女性器、そんなものでしょうか」「なまめかしいです。やっぱり女性器思い出しますね」「お尻」「乳房。うーん」「あしを前に出して、開いて座っている」「無理して、男性器ですね」「出産という感じ、思い出しました」などなどと答えていました。とくに「女性器」という答え方が何度も出てきていました。（「ロールシャッハ・テスト」『ユリイカ』一九七四年四月号／『吉本隆明全対談集3』青土社、一九八八年）

こういう反応は、相当ひどい反応だと考えるべきなのでしょうか。でも、「性的なものらしきもの」を見たら「性的なもの」と見てしまうという、人間固有のふつうの習性が語られているにすぎないように思われます。吉本氏であってもそうなのかという感じがするだけなのです。なので「わらべ唄」に、もし「性的なものらしきもの」を見たら「性的なもの」と見てしまうということが、「おとな」になると起こるということなんですね。

でも私たちは「性」への過剰な反応をしないようにコントロールしています。その中に、「自慰」とか「オナニー」と呼ばれてきたものがあって、「性教育」では、考えるべき中心課題に置かれているものです。しかしこの「自慰」とか「オナニー」いう言葉には、何かしら、後ろめたいような、恥ずかしいような否定的なイメージがつきまとっています。「性教育」でも、こういうことへの積極的な見解はあまり見うけられません。「わらべ唄」を「おとな唄」として読むだけでも目くじらを立てる人がいるくらいなのですから、どうして「自慰」や「オナニー」に、マイナスではないイメージを見出せるだろうかと思います。

私は、思春期から、「性的なもの」のあふれる環境に投げ出される若者たちは、本当に何でもないようなものにも過剰反応して、妄想を膨らませてしまうことになります。そうすると、身体も想像も、その方面ばかりの思いが「膨れる」ことになり、他の思いを広げることができにくくなることが起こります。その時に「自慰」をすると、急に憑きものが落ちたように、スッキリした気分になって、では「勉強でもするか」というように気持ちを切り替えることができるようになります。

そういうことを考えれば、この「自慰」というのは、自分の「ケア」の役目を果たしていることがわかります。「セルフケア」と言ってもいいと思います。過剰に膨れる妄想をリセットさせて、別な観念に意識を向き合わせてくれるとても大事な知恵がこの「セルフケア」にはあると私は思います。でもそれを「自慰」という言葉を使うために、性的な意味だけが強調されてしまうので、それはとてもよくないのです。それは、過剰な性的環境に生きざるを得なくなった人間が、自分をケアするために作り出した優秀なケアの仕組みであって、それは教育の現場でも「セルフケア」として、もっとおおらかに、もっとその人にとって意味のあることとして、紹介され、教えられていくべきものだと私は考えています。

「性的な意識」と「性的でない意識」は、「わ」のようにつながっているものですから、そのつながりや結び目を、ことさらにきつく強くさせないためにも、「セルフケア」として、その「わ」を「むすんで、ひらいて」にする意識を広げることが必要かと思います。

九　教室に「広場」を

――「いじめ対策」の具体的な提案・「二分の一成人式」パスポートについて

はじめに――「私人」と「公人」を結ぶ「わ」について

「いじめ」の対策を考えるには、「仲間的な領域」と「公の領域」を結ぶ「わ」について考えなくては、根本の対応をとることはできません。

「社会」というのは、「仲間たちの場（掟・ルール）」と「公共の場（法）」とが「わ」として行き来できる仕組みを持つように創られてきました。そうでないと、特定の力を持った仲間たちの意向（掟・ルール）だけで、「社会全体」が運営・支配されることになり、弱い者たちの声を聞くことができなくなるからです。「社会」には、さまざまな集団や仲間たちがいるわけで、その中で特定の集団や仲間たちだけが有利に動き、他の集団や個人を不利になるように追い込むことがないように、世界史は「公共の場（法の場）」を設け、不利益が起これば、「みんなの前（公共の場）」

で「裁き」を受けることができるようにしてきました。

ところで「仲間たち」の中で起こることは、「外」から、つまり「仲間以外のもの」からはなかなか見ることができません。世間には、「死角」や「暗がり」という言葉があるのですが、まさに「仲間たち」は、「人目につかない」ところで、いろいろなことをしてきたものです。

そうした「死角」とは別に「聖域」という言葉があります。だれもが簡単には立ち入ることのできない神聖な領域で、そこでも何が起こっているのか「外部の人」には見えなかったところです。

実は「学校」と呼ばれる領域も、一九七〇年代くらいまでは「聖域」と呼ばれ、先生たちは、部外者（特に戦時中は学校が軍部に支配され、軍部に都合のいい教育をさせられ、そこに警察が加担していたこともあり）が、学校に入ることをとても嫌ってきました。そういう意味で、戦後の「学校」は先生たちから見たら「聖域」であり、「神聖」な場所として意識されてきていたのですが、そのために「外部」から閉ざされた場所になり、生徒の立場からすると、そこに「外」からは見えない「死角」や「暗がり」があるという場所にもなっていたのです。

生徒たちも、一〇歳近くになると、学校や教室に、「外」からは見えない死角がある、ということがわかってきます。そのことがわかってくると、この「外」から見えない場所を利用して、仲間内のルールでもって、自分たちだけに都合のいいことをはじめます。それが、のけものや、使いパシリや、暴力や、金銭の要求など、いわゆる「いじめ」と呼ばれてきたものでした。そして、このために「自殺」を図る生徒のニュースが、切れ目なく続いてきています。そんな「ひどいこと」をさせられながら、なぜ「訴える」ことしないで、「自死」を選ぶ子どもがいるのかと、ふつうなら疑問に思うところですが、子どもたちには「外」に訴える「通路」があるなんて、夢にも想像できていないのです。というのも、「教室」でも「学校」でも、そんな「通路」があることについて、本当には教えてくれていないところがあったからです。

「いじめ」については、ここ何十年、そのための対策が、文科省を中心に何度も立てられてきています。それでも状況は変わらず、むしろ「いじめ」の件数は増え続けています。こういう「対策」の不備は、学校や教室、そこを管轄する教育委員会などを、それだけで「自律」したもの、「完結したもの」として見なして、自分たちだけで解決できるような「対策」を考えすぎてきているからです。つまり「学校」が「外部」と通じる「わ」を閉ざしているので、「教室」や「学校」に「死角」の生まれているところが、よく理解されていないのです。

「学校」という場所を生きる生徒も先生たちも、学校の外に「公共の場」があって、そこと連動していないといけないことにもっと自覚的であらねばならないのです。本来なら「学校」そのものが、そういう連動する「わ」の仕組みを教える場でありながら、「公共の場」とつながる道（わ）を模索しないで、長い間「学校」や「教室」に、「聖域」という名の「死角」や「暗闇」をつくり、そこに「いじめ」を温存させてきました。私の考察は、こういう学校や教室の抱えてきた歴史的な背景を踏まえて、「いじめ」を無くす道筋を考えることにありました。それは、生徒たちを、「私的な人」から「公の人」になるための道筋を体験させる教育を創ってゆくものでもありました。

1　中井久夫の願う「子ども警察」「子ども裁判」

精神科医の中井久夫氏は、次のようなことを書かれたときがありました。

ある少女が長い間わたくしのところに通っていて、一年近くになった時、いじめられていることをやっと話してくれました。

「そうだねえ、学校には交番もないし裁判所もないし、言っていくところないよねえ。それが一番つらいことだったかもねえ」とわたくしはその時、真っ先に浮かんだことを言葉にしました。

それはわたくし自身の経験でもありました。校庭の中には交番もなくお巡りさんもいない。先生はおられるけど、なぜか訴え出る相手ではないという気持ちがありました。

中井久夫『いじめのある世界に生きる君たちへ』中央公論新社、二〇一六年

ここにはとても大事なことが書かれています。この最初に書かれていることは、中井氏の元の

考察「いじめの政治学」では、次のように書かれていました。

なるほど、子どもの世界には法の適用が猶予されている。しかし、それを裏返せば無法地帯だということである。子どもを守ってくれる「子ども警察」も、訴え出ることのできる「子ども裁判所」もない。子どもの世界は成人の世界に比べてはるかにむきだしの、そうして出口なしの暴力社会だという一面を持っている。

「いじめの政治学」『アリアドネからの糸』みすず書房、一九九七年

いじめの解決策は、無法地帯に「子ども警察」「子ども裁判所」を作る以外にないということが、ここではっきり指摘されていました。それなのに、中井久夫氏は、その方向での「いじめ対策」の考察を展開されてきませんでした。彼ほどの影響力を持つ方が、こんなにはっきりした解決策を予感されながら、その解決策の実現に向けてのプランを提示されてこなかったがために、その後も「いじめ」による地獄のような苦しみや、「自殺」を選ぶ人たちがあとを絶たないのは、やはり大きな問題です。「知識人の責任」ということは常に言われてきたことですが、その責任は果たさなくてはならないと思います。

2 「子ども警察」や「子ども裁判所」のあきらめの中から

中井久夫氏の言われていたことは、「子どもの世界には法の適用が猶予されている」ということ、とくに「一三歳」までは、罪を犯しても刑法の対象にはされず、「警察」の対象にはならない「無法地帯」だということでした。なので、そういう子どもの世界には、子どもを守ってくれる「子ども警察」も、子どもの訴え出ることのできる「子ども裁判所」もない、ということでした。ならば、子どもの世界に「子ども警察」や「子ども裁判所」に準じたものを創ってゆけばいいのではないかということになります。考える方向は、そこしかないのです。では、この「子ども警察」や「子ども裁判所」とは何かということです。それは「公の目」で、子どもたちの引き起こす出来事や状況を判断してくれる「外」の場所のことです。

そういうものが、閉鎖された教室や学校の中にあれば、「死角」を利用し、陰湿ないじめをする輩をのさばらせることはできないのです。

そういうことがわかっているのに、なぜ中井久夫氏は、その実現に向けたプランを提示されてこなかったかというと、そういうものの実現は「無理」だという「あきらめ」があったとしか考えられません。それは、いじめを訴えてきた生徒さんへの答え方に表れていました。「そうだねえ、学校には交番もないし裁判所もないし、言っていくところないよねえ。それが一番つらいことだったかもねえ」と。

ふつうに考えれば、学校や教室に「交番」や「裁判所」を設置するなどということは、あり得ないことですし、とくに教育者は「警察」というような「国家権力の手先」に長い間「監視」され「苦しめられてきた」歴史があるものですから、著名な精神科の先生であろうとも、「子ども警察」のような提案のもつ危険性に、おいそれとは賛同できないということもあったろうと思います。

もう一つ、中井氏をあきらめさせていたのではないかと思われるのは、小学生の世界が、刑事罰を問えない未成年の領域であり、「警察」と「裁判所」などといった「法的な機関」の介入できない「例外の世界」になっていることが上げられると思います。そういう年代は、子どもたち自身が法的な権利を直接には使えずに、親御さんが「親権」として代理で行使するようになっていたことがあります。だから中井氏はそういう子ども時代を、あえて「無法地帯」と呼んでこられたわけなのです。

でもそういうふうに考えるだけでは、本当に打つ手は無いと言うことになります。私はこの時点で、中井氏の具体的な「いじめ対応」への展望の持ち方に、とても疑問に思いました。こんなにはっきりといじめの解決の道が示されているのに、その実現への可能性の道を切り開くことを、なされなくていいのだろうかと。

そこから私は私なりに、中井久夫氏の指摘されてきた最も重要な解決策、子どもの世界に「子ども警察」「子ども裁判所」があればいいのに、という発想を継承し、本当に実現可能な形でその道筋を考えたいと思いました。その結果、導き出されたのが「教室に広場を」という考え方でした。

3　教室に広場を――「子どもの掟」と戦うために

学校や教室に、子どもを守る「子ども警察」や「子ども裁判所」ができないのなら、学校の「外」にある「警察」や「裁判所」に向かって、そこに通じるトンネルというか通路を教室に作ればいいのではないかと考えることです。そして、その通路の教室側にある場所を「広場」と呼べばいいのではないかと。「広場」というのは、ヨーロッパ各地で民衆が民主主義を生み出すために使ってきた場所のことでしたから、そういうものを「教室」につくってゆくのがいいのではないかと。

「問題」は、教室で起こったことが、教室の中の生徒にしか知られないですむと思われているところなのです。教師さえ見ていなければ、暴力を振るおうが、金銭を脅し取ろうが、「ばれない」「わからない」と思われ、実行できるところが「問題」だったのです。でも、そんなことが起これば「先生」や「学校」に言えばいいではないかと思われるかもしれませんが、「先生」や「学校」は、思われているほど孤立する生徒の「味方」であることはできないのです。「先生」や「学校」に訴えても、加害者から「倍返し」の仕返しが待っていて、それが恐くて生徒たちは、なないようにするしかないのですが、それは、子どもたち同士の約束事だけでは実現は不可能で、そこで実際に動いてくれる「外部の力」がなくてはならないのです。

ここにきて、はじめに指摘していた、「社会」は「私的な目」と「公的な目」の「わ」を持つ構造になっていないといけないということを思い出すことになります。

なぜそうなるのかというと、教室や学校には、子ども同士のさまざまなグループが形成され、その中で自分たち同士の「私的な掟・ルール」をつくり、自分たちの行動を正当化するように意識し合い、その「掟・ルール」に「違反」するものを、「掟」という「正統な理由」でもって、懲らしめ処罰を与えることができるようにしてきていたからです。それを私は、子ども同士が作る「子ども法」と呼んできました。

この「掟／子ども法」の果たす強力な機能を五つに絞って示しておきます。この五つには十分に注目すべきだと思います。

① いじめの対象になる生徒は、「掟＝子ども法」を犯した「違反者」と見なされる。
② その「罪」ゆえに「違反者」は「罰＝制裁」を受ける対象にされる。
③ その「罰＝制裁」を免れるために、「違反者」は「掟」の制定者たちの「言うことを聞く」

約束をさせられる。

④ その「約束」を守らないと、さらに「罰＝制裁」が追加され、しだいに「制裁」の「免除」は許されなくなる。

⑤ 重ねられる「制裁」が「表に出ない」ままに強化されると、「違反者」にとっては、その「苦痛」から逃れるにはもはや「死」を選択するしかなくなるようになる。

このような「子ども法」が強力に働く教室があると、そこで起こったことを「先生」や「学校」に訴えること自体が「違反」とされ、「処罰」の対象にされるので、「いじめ」はますますエスカレートし、結局そのことが恐いがために、「訴え」などはできなくなります。

大事なことは、この教室や学校で、教師たちに知られないようにつくり出される「掟／子ども法」に対して、しっかり対抗でき、「訴え」のできる仕組みをつくることなのです。でも「掟／子ども法」は強力なので、それに対抗するものを「教室」につくることなど簡単にはできませんから、まずは教室で起こったことを「外」に持ち出して訴えることのできる「通路」のあることを、みんなで了解し合い、確認する場をつくることが大事だと私は考えました。それが「教室」に「広場」をつくるという構想でした。

4　「広場」で何をするのか

「広場」というのは、すでに言いましたように「多くの目」で見られる場所、つまり「公の目」のある場所のことでした。

そういう「広場」はどういうふうにつくればいいのかということです。まず、教室で起こることで気になることは、「訴え箱」や「アンケート」で、定期的に、先生や学級委員が知ることになります。大事なことは、そういう訴えやアンケートを、先生ひとりが取り込んで、先生指導の下に「もめ事の種」の解決を図ろうとしないことなのです。「もめ事の種」が出てきたら、それを教室の中に設けた「広場の会」に持ち出して、訴えた者と訴えられた者が、「みんな」の中で対等に話をするルールをつくるのです。それをしきるのは「広場委員」です。そんなことが可能なのかと思われるかもしれませんが、可能ですし、可能にしなくてはならないのです。

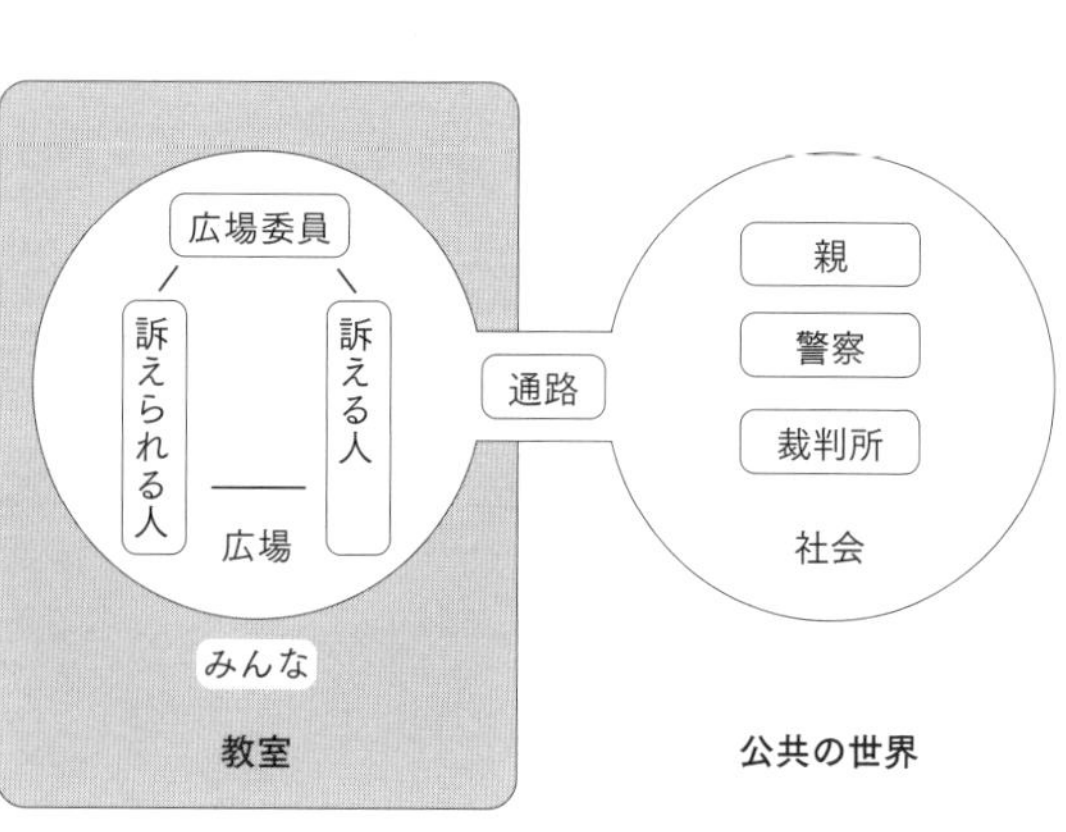

それをするためには事前にクラスみんなで了解し合わなくてはならないルールを決めることが大事です。そのルールとは、後述（二三〇ページ参照）する私の提案「二分の一成人式・パスポート」の二ページ目に書かれているもので、そのようなことをされたら、「広場」で訴えるという約束事です。

そして、そういう「訴え」が出されたら、広場委員が「みんな」の前で「関係者」に発言をしてもらいます。そこで「事実」確認がなされます。それぞれに、誤解をしていたところがあると、お互いに気持ちを伝え合って仲直りをして終わります。

問題はそこからです。「もめ事の種」を「広場」に訴えられたことを逆恨みし、そのために「陰」で「仕返し」のようなことをするものが出てくることです。これが許されてしまうと、もう誰も「広場」で訴える者など出てきません。ここでとても大事なことは、「仕返し」を絶対に許さないこと、「訴える」ことが、訴えた者のマイナスにならないことを、みんながしっかりと理解できるルールをつくることです。こういうルールづくりは、前にも述べましように、子ども同士で悪質な「子ども法」をつくれるくらいですから、「広場ルール」を決めることも十分にできるのです。そうすることで、「もめ事」は必ず、みんなの前で、「広場」の中で解決するという、強い意志をみんなで共有してゆくことが可能になります。そのためには、事前にそれは次のような六つの合意事項（後述提案する「二分の一成人式・パスポート」の三ページ目に書かれているもの）をみんなで承認し合うことです。

この合意項目をみんなが了解し合えると、「仕返し」があれば、それは再度「広場」に持ち込まれることになり、それでも「仕返し」や「いやがらせ」が続くようであれば、「広場」を通して「警察」に訴えるということになります。

従来の学校でなされていた「いじめ対策」が有効に機能してこなかったのは、「アンケート」でいじめを知っても、先生や学校の次元で留め置かれたり、先生だけで解決を目指し、当事者を呼んで個別に「約束」をさせたりして、他の誰の目にも触れないところで処理することが圧倒的に多かったからです。でも当事者だけで「約束」をさせても、先生の見ていないところでは「倍返し」のようないじめが進行する、というのがお決まりの筋道になっていました。それをなくするには、「もめごと」の「解決」は、みんなの見ている前で、「生徒同士でつくるルール」でもって解決してゆくという方法をとるしかないのです。それでも「解決」ができない時には「警察」に訴える道のあることをきちんと知っておくということなのです。

5 「広場づくり」で「公の人」になることを学ぶ

従来の学校では、学校での「もめごと」が外部に「知られる」ことは学校の「恥じ」のように見なされるところがありました。とくに「警察」に知られるようなことが起こるのは、学校長の監督の不行き届きのように思われたり、先生に問題の解決のなさを見られるようで、それも「恥じ」のように思われてきました。そういうことになれば教育委員会からも「にらまれる」ことになり、教育委員会自体も監督の不行き届きの責任を負うことになるので、「外部」に知らせるようなことはさせたくありませんでした。なので、学校や教育委員会はとしては、できるだけ「内部」だけで、それも先生と当事者同士の間だけで、「解決」して済ませたいと思ってきました。しかし、学校や先生や教育委員会が、そういうふうに思っていたのなら、それはとても大きな「勘違い」をしていることになっていたのです。

というのも、学校や先生が、生徒に本当に身につけていった欲しいことは、誰かに理不尽なことをされたりした時に、相手の「言いなり」になったり、「泣き寝入り」をして、自分だけが「不利」や「無理」を負わされてしまうのではなく、その理不尽さを「公の場」にきちんと訴えることで、自分を守れる人になってほしいということであったはずなのです。それは「公の人」になるということです。

そういう意味から言うと、「広場づくり」というのは、実は「公の人」になるための予行演習の場つくりでもあったのです。「もめごと」を当事者だけ呼んで先生に解決してもらうのではなく、「みんな」の前に持ち出して、「みんな」の見ている前で、「みんな」が納得するような形で、「みんな」で「解決策」を模索するということ、そういう体験が「公の人」になるためのとても大事な一歩になっていたのですから。

こういう体験があると、将来、会社や社会の中で、さまざまな「被害」にあった時に、「泣き寝入り」しないで、立ち向かえる人になってゆくことができるのです。でも、こういうことができるためには、本当は先生と学校の強い支えがなくてはなりません。そのための、その具体的な試みをはじめる時期について少し説明しておきたいと思います。

6 「二分の一成人式」の有効な活用の仕方について

教室に生徒同士で「広場」をつくるという試みは、私は「二分の一成人式」を使うことではじめるのがいいのではないかと思ってきました。従来の「二分の一成人式」では、親への感謝の手紙を書かせたりする学校が多かったのですが、親の願いは、いじめにも立ち向かっていける子どもに育って欲しいということであるはずですから、「公の人」になる自覚が持てるような「広場づくり」をするような試みが、この「二分の一成人式」からはじまるのだとしたら、何よりも喜ばれると思います。

「十八歳成人」になった今、「二分の一成人式」と言えば、九歳、小学校の三年生頃になるでしょうか。この頃に設定される「二分の一成人式」では「公の人」になるための「パスポート」をもらうという手続きをするのがよいと思っています。そのパスポート」には今まで述べてきたよ

二分の一成人式
パスポート

教室を安全に過ごせる
「法の世界」にし、そこに
入るためのパスポート

年　組　氏名＿＿＿＿＿＿

担任＿＿＿＿＿＿

「二分の一成人式」発行

〈1ページ〉

私は次のことを許しません。

①からかわれたり、わる口やいやなことをいわれた。
②なかまはずれや、みんなからむしされた。
③かるくぶつかられたり、たたかれたり、けられたりした。
④ひどくぶつかられたり、たたかれたり、けられたりした。
⑤お金やものをむりやりとられた。
⑥ものをかくされたり、こわされたり、ぬすまれたりした。
⑦いやなこと、きけんなことをされたり、させられたりした。
⑧パソコンやスマホでいやなことを書かれたり、されたりした。

〈2ページ〉

私は次のことに合意します。

合意①　「アンケートの項目」を私はしない、させない。
合意②　トラブルは「公開の場」へ持ち出して議論する。
合意③　公にされたことでの「仕返し」を許さない。
合意④　「仕返し」がわかれば、緊急クラス会を開く。
合意⑤　「緊急クラス会」でも改善がみられないのなら、親に来てもらい、現状を話す。
合意⑥　家族と先生と学校が話をしても、違法性の改善が見られないのなら警察に訴える。

年　月　日　氏名

〈3ページ〉

私は「広場委員」をしました。

○○年○月○日

□□年□月□日

○○年○月○日

□□年□月□日

〈4ページ〉

「二分の一成人式」を迎えた時のパスポート（表裏二つ折り）

これは「法の世界」へ入るための心構えを創るパスポートでもある。

うなことが、きちんと書かれています。先生は、ここに書かれていることを、わかりやすく丁寧に説明して、この「パスポート」を持ったものが参加できる「広場づくり」に取りかかるということをはじめてくだされぱと思います。

こういう試みは、最初に紹介した中井久夫氏の「子どもの世界を無法地帯にしない」で、「子ども警察」や「子ども裁判所」があればいいのにという思いに、具体的に迫れるアイディアを提供できているのではないかと私は思っています。願わくば、実際の教室で、先生や学校がしっかりと後押ししてくれるような「広場づくり」を、実際にさまざまに工夫してくださることを願うのみです。

参考文献（文中の図版は以下の二冊を元にしています）

村瀬学『いじめの解決　教室に広場を──「法の人」を育てる舞台的な提案』言視舎、二〇一八年

村瀬学『いじめ──10歳からの「法の人」への旅立ち』ミネルヴァ書房、二〇一九年

十　ウクライナと『風の谷のナウシカ』

1　「死」と「未来」を結ぶ「わ」について

生きものは、みな自らの「死」を意識して暮らしています。人のように「意識」するわけではありませんが、自分たちの個体に「終わり」があることはよくわかっていて、だから、「種(たね)」を作り、子孫を残して「終わり（死）」を迎えることをしています。あらゆる生きものは、そうやって個体が「死」に至ることを勘定に入れ、次の世代を創る準備をして「終わり」を迎えます。

もし「死」が、ただ「個体」の「終わり」にしかすぎないものだとしたら、次の世代はあり得ないことになります。でも、実はそういう「死」もあるのです。それは「突然死」と呼ばれるようなもので（生物で言えば「天災」や「餌食(えじき)」による死ということになるでしょうか）、人間の場合には「戦争」「犯罪」「事故」「病」が生み出す「死」です。そういう「突然死」は、準備すべき未来のための時間を突然に奪ってしまいます。

だからというのか、古代から人々は「死」を「終わり」にしないために、「墓」をつくり、「死」を「未来」につなげる「わ」を、意図的に創り上げてきました。そういう試みは、今でも延々と続いていて、現代人はその「わ」を「物語」と呼んできています。

そういう意味では、「物語」の中核にはいつも「小さな死」が踏まえられています。「小さな死」というのはわかりにくいかもしれませんが、何か予期しないことに出会ってビックリした時に、「心臓が止まったかと思ったよ」などと言ったりするようなことです。「恐怖」とか「驚く」とか言うのは、身を守るために、身体を縮め固くする防御反応で、その時は本当に心臓が縮んでいます。それは言わば、「瞬間の死」の体験で、「小さな死」なのです。ジェットコースターで、身を縮め、手すりにしがみつき、悲鳴を上げている時も、「小さな死」を体験しています。

実は、こういう「小さな死」の体験は、「本物の死」を警戒するためにはとても大事な体験になっているのです。ジェットコースターや怪談やホラー話、恐怖映画などは、「安全」を保障された上で、「小さな死」を体験し、「本物の死」に至る前の、警戒や準備の構えを育てるものになっています。そういう「保障された小さな死」を含むものを「物語」と呼んできたのです。

子どもたちの好きな漫画やアニメの多くは、「戦争」や「戦闘物」です。「ドラゴンボール」とか、「ガンダム」とか「エヴァンゲリオン」とか、一斉を風靡したアニメ群には、そういうものが見られます。もちろん「サザエさん」とか「アンパンマン」とか「ドラえもん」とか、「戦争」に関わりのない物語もあるように思えますが、それでも、そういう物語にも、なにがしかの失敗や過失、災難や被害という「小さな死」が起こり、それらからの「日常の取り戻し」、つまり「再生の話」が工夫して作られています。「死」を「未来」につなぐ「わ」が、小さな子どもの見る絵本やアニメの中にも、準備をされているのです。

2　二〇二二年、「ウクライナ戦争」に何を見ているのか

二〇二二年二月末、ロシアからの攻撃にはじまったウクライナ戦争は、街が破壊され、子ども連れの家族が、長い列を作って国外に避難する様子が、連日のようにテレビで報道されました。兄弟のように入り混じって暮らしてきたロシアとウクライナ。そのウクライナに対して、ロシアが公然と武力で攻撃するようなことが本当に起こっていることに、世界中が驚きと怒りを感じたものです。

実際には世界の各地で、さまざまな紛争が起こっているわけですが、そういう状況は、報道されても、一時的なものに終わり、視聴者の関心も長く続くわけではなく、その恐ろしさが十分に伝わることなく、いつの間にか忘れられることが繰り返されてきました。しかし今回の、ロシアからの攻撃と、それにさらされるウクライナの様子は、ヨーロッパで起こっていることもあり、ウクライナ側から連日報道されることになり、日本の私たちにとっても、悲惨な「戦争」の実態を否応でも見つめざるを得ない日々が続いていました。

そんな時に、私たちはいったい何を見ているのかが、気になってきました。「戦争」を、まさか「ガンダムの戦争」のように見たり、領土を奪い合う「戦国時代劇」のように見たりしてはいないだろうかと。そこで、まず何を見ているのかの次元の違いを区別して、私たち児童文化に関わる者が意識する次元を考えることが必要ではないかと思いました。

私はまず三つの次元を区別すべきだと思います。「惨状」と「戦争」と「物語」の区別です。

1 「惨状」の次元。「生身」と「生身の死」に直面する次元（自然災害から戦争被害まで共通する）。

2 「戦争」の次元。「生身」ではなく「軍事」として出来事がとらえられる次元。

そして「戦争」には、三つの次元が分けられます。

2－① 「戦場」の次元。相手を「敵―味方」と分けてとらえるだけの次元。

2－② 「戦況」の次元。「報道される戦場」の次元。「戦場」を勝敗を決める「試合」のようにとらえ、「ニュース解説」される次元。

2－③ 「世界史」的な次元。戦う者たちとは別の次元で、政治と経済を動かす者たちによる「正義」と「利益」により、「兵士」と「武器」を操り、「軍事行動」を見る次元。

3 「物語／戦争」の次元。現実の戦争ではない「架空の戦い」から「あるべき未来」を考え出す次元。

ここでは、児童文化に関わるものとして、3の「物語」の次元を扱うことしかできませんが、だからといって、この次元が、1や2の「現実/戦争」の次元と遊離したものだと軽く考えることはできません。すでに述べたように、「予期」される「恐怖体験」としての「戦争物語」は大事なものであり、実際に「戦争物語」の「作り手」も、自ら1と2の次元を体験してきた人たちが多く、彼らは、1と2の次元をよく研究し、「物語」に組み込んできていたからです。彼らは忘れられていく「戦争」と、つねにどこかではじまる可能性のある「戦争」にむけて、そこで起きる「死」を「断ち切られる死」にしないために「未来」につながる「わ」を「物語」として見えるようにしていたのです。

3　「火の七日間」と「青き衣を着て、金色の野に降り立つ者」

今度の「ウクライナ戦争」がはじまった時に、改めて注目されたのが『風の谷のナウシカ』でした。作者、宮崎駿の作る作品には、いつも「小さな死」を「未来」に結ぶ「わ」として意識され作られているところがあったからですが、今回の「ウクライナ戦争」との接点は、全くの偶然なのだろうかと思わせるところがあったから不思議です。

ナウシカの「物語」は、「火の七日間」で「世界」の文明が滅んだという設定からはじまります。そして、この物語の最後は、ナウシカが、「青き衣を着て、金色の野に降り立つ者」という古い伝承の再来のように描かれて、締めくくられていました。この「青き衣」と「金色の野」の対比が、「上が青」で「下が黄」の色分けのウクライナの国旗に似ていると言われてきたのです。

それだけでは、ただの偶然なのでしょうが、原田義也は、『ウクライナを知るための六五章』（明石書店、二〇一八年）の中で、アニメ版ナウシカの最後に描かれる青と黄色のシンボリカには先行作品があって、それは『シュナの旅』（徳間書店）だと指摘していました。この作品は、チベットのような荒れた山の谷に住む一族の王子が、ひとりの旅人の持っていた小麦の種のようなもの知り、うんと西に行けば、この種を実らせる黄金の大地があると教わり、一族の悲願を背負ってその地に向けて旅をするという物語です。でも、その「黄金の大地」がウクライをイメージしていたであろうことは、今度の「ウクライナ戦争」を調べるまでは、思いつきもしませんでした。

ウクライナと『風の谷のナウシカ』の不思議な符合は、それだけではなく、この『風の谷のナウシカ』に描かれる不思議な砂漠のような舞台は、実は「クリミア半島（ウクライナ南部）に実在する「腐った海（シュワージュ）」と呼ばれる沼沢地帯をモデルにした砂漠であった」（叶精二『宮崎駿全書』フイルムアート、二〇〇六年）と指摘されてもいたからです。

そういうことを踏まえると、シュナやナウシカの舞台が、ただ偶然にウクライナ地方に設定されていたというのを「偶然」にしてしまえない気もするのです。『風の谷のナウシカ』などは、たかがアニメと思われそうですが、幼少年期を空襲と戦後の焼け跡の時代に生きた宮崎駿（一九四一年生まれ）にとっては、「惨状」と「戦場」と「戦況」と「世界史」と「物語」は、どうしてもひと続きの「わ」の中で、理解されるように創らなくてはと強く感じるところがあったと思われます。

作品そのものは、まさに芸術の直観の力として生み出されたものですが、その舞台が第三次世界大戦の引き金になるかもとされるウクライナのような場所に、偶然のように選ばれたのは、作家の直感力のすごいところだと私は思います。

4 アニメ『風立ちぬ』へ

巨神兵の放つ火の柱。その中に、炎となって飛び散る王蟲の群れ。やがて、巨神兵の火の玉は、維持できなくなり、溶けて解体し、その後、攻撃を受け続けていた王蟲の群れの中に、黄色の触手に持ち上げられた青色の服を着たナウシカが、立ち上がる。『風の谷のナウシカ』のこういう場面が、今戦場になっているウクライナと重ねて読み取られているわけですが、惨状から、未来を読み取ろうとする人たちなら、もともとそういうふうに見ることも可能になるように映画はできていたときっと考えるのではないでしょうか。

その後、宮崎駿は日本の中世の舞台を借り、『もののけ姫』をつくります。ここでの「戦い」は、森の生きものと、鉄（火）を持った武士（人間）の争いとして描き直されますが、ここでも、火に焼き尽くされる生きものと、火を使う人間の困難な共存の未来が、アシタカとサンの「わ」の中で模索されています。

そして舞台は近代に近づき『ハウルの動く城』では、戦争をする二つの国が、残忍な兵士を手に入れるために、魔法で人間を「怪鳥のような兵士」に仕立て上げ、闘わせる物語がつくられます。ここで描かれる「魔法」とは「火」のことです。「火」を使うようになったものは、みな「不気味な兵士（怪物）」に変身させられるからです。「火器を使うハウル」「兵士（怪鳥）になるハウル」と、「カマドの火を生きるソフィー」、そのような「複雑な火」と共にある未来が、ハウルとソフィーの「わ」に託されるのです。

最後とされた『風立ちぬ』は、近現代の太平洋戦争下の日本が舞台にされています。今までの空想の土地の上での物語から、うんと現実の時代に食い込んだ物語になっています。物語は関東大震災下の「災害死」からはじまり、戦争下の「戦死」、結核に冒される「病死」など、未来を断ち切られるさまざまな「死」が描かれる中で、「火を使わずに飛ぶ飛行機」をつくろうとする主人公二郎の「夢（未来）」が語られ描かれます。「死に向かう菜穂子」と「夢（未来）に向かう二郎」の、可能なのかわからない困難な「わ」が求められるのです。

5 「カマドの火」と「ミサイルの火」と

振り返ってみると、宮崎駿のつくる物語の世界には、「動力の火」と「カマドの火」の「わ」を考えることの物語であったように思われます。そのテーマの設定は、しかし宮崎駿の固有のテーマではなく、すでにギリシア神話の「プロメテウス」の話から、着々と受け継がれてきた永遠のテーマでした。地上の人間に「火」を与えすぎると災いが起こると見なしていた天上の神々の中で、プロメテウスだけは、地上の惨めな人間の暮らしを憐れみ、神々に隠れて「火」を人間に与えてしまいます。その結果、人間は、その「火」から「鉄（武器）」をつくり、天上の神々までを滅ぼす力を身につけてしまうことになったという物語です。

プロメテウスは、せめて人間に「カマドの火」をと考えたのですが、人間は「カマドの火」から、神々を滅ぼすほどの「巨大な火」を製造するまでに至りました。

二〇二二年末のウクライナでは、ロシアから連日数百発のミサイルが、火力発電所をめがけて発射されています。ウクライナ中の電源を破壊しようというわけです。かつての神々でさえも、そんな恐ろしいことを考えたことはなかったと思いますが、ロシアはウクライナの人々から「カマドの火」を奪うことが、人々を苦しめる最も効果的な道であることをよく知っているのです。これでも、ウクライナが「降参」しないなら、かつてアメリカが非情にも実行した残忍な「原爆の火」をロシアも使わせてもらうと脅しをかけています。すでにアメリカが実行しているのですから、それが非難されるならアメリカも同様に非難されるべきだから、そういうことはアメリカ自身もできないぞと高をくくっているところも想像できます。

こういうふうに考えてゆくと、たかが「カマドの火」が大事といっても、人類はそれを進化させた「原子力発電所」のようなものをつくるまでに至っているので、ふたつを別々のものだと切り離して考えることはできなくなってきています。そういう中での「物語」の作り手は、それでも「カマドの火」と「原子力の火」を区別しつつ、「未来の火」のあり方はどのようであればいいのかについて、その「わ」を考えてゆかなくてはならないのです。「火」を使わずに飛ぶ「紙飛行機」のようなような飛行機は、本当にあり得るのかと。

第一部に当たるこの「生命の「わ」　児童文化　最終講義」は、二〇二〇年のコロナ禍で、卒業式も十分にできなかった児童文化ゼミのみなさんに、紙上の最終講義を作って配布したものです。私の長年の「根は花を、花は根を」という「わ」への思いを一気に綴ったものでした。表記としては本文でも記していますが、物理的な周期現象を「環」という漢字で、生命体のつくる周期現象を「わ」というひらがなで分けて表しています。

第二部に当たる「全方位に向かう児童文化へ」の各論には、先行する雑誌掲載の文章や講演がありますが、再録に当たっては、原型をとどめないほどに縮少し書き換えているものもあることをお断りしておきます。

一　季節」とは何か（書き下ろし）
二　春が来た―「存在給付」について（『飢餓陣営』NO.44、編集工房飢餓陣営、二〇一六年）
三　シンデレラの「一二時」（書き下ろし）
四　『クマのプーさん』もう一つの読み方（書き下ろし）
五　ラチョフ絵『てぶくろ』の世界から（『子ども学』第五号、萌文書林、二〇一七年）
六　手塚治虫とゲーテの『ファウスト』（二〇二〇年九月公益財団法人国際高等研究所「ゲーテの会」

の講演）

七　まど・みちおの「リンゴ」の詩異論―日本と台湾の間で―（『現代詩手帖』一〇月号・一一月号、思潮社、二〇一七年）

八　「ずいずいずっころばし」考（書き下ろし）

九　教室に「広場」を（書き下ろし）

十　ウクライナと『風の谷のナウシカ』（書き下ろし）

第二部の「全方位に向かう児童文化」という見出しは、大げさに聞こえますが、第一部の「根は花を、花は根を」を下敷きにして展開されているもので、ともすれば、児童文化、児童文学の考察や研究が、「花」だけになったり、「根」だけになったりし、その総体を見失いがちにならないようにという自戒を込めてのタイトルです。わらべ唄や昔話、絵本や物語や漫画や詩から、いじめや戦争までに、論を拡げているように見えるのもそのためです。とくに子どもの「飢え」の問題（「食糧的な飢え」と「精神的な飢え」）は、児童文化の末席にいる者として、しっかりと考えなくてはと思ってきたテーマでした。

論考の中には、「性」への言及が多いように感じられた方がおられるかもしれませんが、「生は性」として、「生」と「性」の「わ」を考える視点からは、どうしても欠かせませんでした。さらには「性」のテーマは、「季節体」という惑星的な視野の元に見つめようとしているところがありますから、そこは「人間の性」のイメージにとらわれないで読んでいただけたらと願っています。

この本は、「最終講義」を読んでくださった加藤理氏から、お声を掛けていただいたところからでき上がっていったものでした。「広い視野で児童文化を」と考えてこられた加藤氏の思いにかなったものになっているのかわかりませんが、加藤氏のお誘いがなければこの本もあり得なかったところです。ありがたく、深く感謝申し上げます。

村瀬　学（むらせ・まなぶ）
1949年京都府生まれ。同志社大学文学部卒。大阪府交野市立心身障害児通園施設（あすなろ園）、同市立機能支援センター（子どもゆうゆう）に勤務。その後、国際日本文化センター研究員、同志社女子大学助教授を経て、同大学教授。児童文化論。2010年『長新太の絵本の不思議な世界―哲学する絵本』（晃洋書房）により第34回日本児童文学学会奨励賞を受賞。現在、同志社女子大学名誉教授。
主な著書
『理解のおくれの本質―子ども論と宇宙論の間で』（大和書房　1985年）
『未形の子どもへ―人生四苦八苦から』（大和書房　1989年）
『『銀河鉄道の夜』とは何か』（大和書房　1989年）
『「いのち」論のはじまり』（洋泉社　1991年）
『児童文学はどこまで闇を描けるか―上野瞭の場所から』（宝島社　1992年）
『「怒り」の構造』（宝島社　1993年）
『「いのち」論のひろげ』（洋泉社　1995年）
『子どもの笑いは変わったのか―ビートたけしの挑戦』（岩波書店　1996年）
『ことわざの力―この共生への知恵づくり』（洋泉社　1997年）
『哲学の木―いのちの寓話』（平凡社　2001年）
『10代の真ん中で』（岩波ジュニア新書　2002年）
『カップリングの思想―「あなた」の存在論へ』（平凡社　2004年）
『宮崎駿の「深み」へ』（平凡社新書　2004年）
『自閉症―これまでの見解に異議あり！』（ちくま新書　2006年）
『宮崎駿再考―『未来少年コナン』から『風立ちぬ』へ』（平凡社新書　2015年）
『鶴見俊輔』（言視舎　2016年）
『『君たちはどう生きるか』に異論あり！』（言視舎　2018年）
『「あなた」の哲学』（講談社現代新書　2018年）
『いじめの解決　教室に広場を』（言視舎　2018年）
『いじめ―10歳からの「法の人」への旅立ち』（ミネルヴァ書房　2019年）
『吉本隆明　忘れられた「詩的大陸」へ　『日時計篇』の解読』（言視舎　2023年）ほか多数。

子どもの文化ライブラリー　よりよく生きる　Vol. 4

生命（いのち）の「わ」から　児童文化の未来へ

2023年3月25日初版発行

著　者　村瀬 学
企　画　子どもの文化研究所
装　幀　西田優子
発行者　上野勇治
発　行　港の人
神奈川県鎌倉市由比ガ浜 3-11-49 〒 248-0014
電話 0467-60-1374　ファックス 0467-60-1375
https://www.minatonohito.jp

印刷製本　創栄図書印刷

ISBN978-4-89629-416-3